T0282045

Hipnoterapia sin trance

GIORGIO NARDONE

Hipnoterapia sin trance

Hablar a la mente emocional del otro

Traducción: Maria Pons Irazazábal

Herder

Título original: Ipnoterapia senza trance
Traducción: Maria Pons Irazazábal
Diseño de la cubierta: Melina Belén Agostini

© 2020, *Adriano Salani Editore s.u.r.l. -Milano*
© 2024, *Herder Editorial, S.L., Barcelona*

ISBN: 978-84-254-5095-2

Imprenta: Liberdúplex
Depósito legal: B- 13.275-2024
Printed in Spain — Impreso en España

Herder
herdereditorial.com

Índice

Dos excesos: excluir la razón,
no admitir más que la razón
BLAISE PASCAL

Prólogo

Una gran multitud ruidosa espera que comience la charla de un prestigioso conferenciante. El público está compuesto por médicos, psicólogos y psiquiatras, personas por lo general poco conformistas, sobre todo ante alguien que les presenta una cosa que se anuncia como innovadora.

El personaje aparece silenciosamente, con paso ágil y elegante; solo una parte del auditorio se da cuenta y se sienta, observándolo, mientras los demás siguen hablando entre sí. Al llegar al escenario, el conferenciante se detiene y, sin decir palabra, comienza a observar al público utilizando la mirada como si fuera un cono de luz que se desplaza por la sala, de una zona a otra. En pocos segundos, como atraídos por una potente energía, todos los asistentes callan y se sientan fijando su atención en él.

Con este comportamiento el experimentado comunicador ha creado un portentoso efecto sugestivo, bien conocido ya tanto por el arte de la persuasión sofista (Untersteiner, 2008) como por la oratoria romana (Cicerón, 2015): la imposición del propio carisma a la multitud. De manera parecida el encantador de serpientes «hipnotiza» a la cobra con el movimiento de la cabeza y de la mirada y no, como suele creerse, con el sonido de la flauta; la serpiente, que durante estas exhibiciones se yergue y mira fijamente a su encantador, en realidad es prácticamente sorda.

Otro ejemplo es también el de la persona acrofóbica, es decir, que tiene miedo a las alturas, que, guiada por un terapeuta experimentado, ejerce una fuerte presión en su dedo pulgar hasta sentir dolor y al fin consigue contemplar el panorama que se ofrece desde la terraza de la Carnegie Hall Tower de Nueva York y luego, gradualmente, bajar la vista desde los más de doscientos metros de altura hasta el suelo y, desplazándola de derecha a izquierda, experimentar la propia capacidad de anular lo que había sido hasta entonces una fobia invalidante.[1] ¿Qué tienen en común estos tres casos aparentemente tan distintos y sorprendentes, cada uno a su manera? La acción de un sujeto experto, capaz de cambiar la percepción de la realidad de una multitud, de una serpiente y de una persona acrofóbica, orientando su experiencia y, por consiguiente, sus emociones, cogniciones y comportamientos.

La acción de la que estamos hablando es la forma de comunicar utilizada por el orador, por el encantador de serpientes y por el terapeuta experimentado: un lenguaje verbal, no verbal y paraverbal capaz de activar un estado de poderosa sugestión en el sujeto y que, asociado a experiencias de cambio hábilmente prescritas, crea efectos en apariencia mágicos.

Esto es lo que Paul Watzlawick definió como «hipnosis sin trance» y que, aplicado al mundo de la psicoterapia, se convierte en «hipnoterapia sin trance».

---

1 G. Nardone, «Come superare le vertigini e la paura dell'altezza» (www.giorgionardone.com/video).

Son muchos los colegas hipnotistas que tienden a negar esta realidad sugestiva y la atribuyen a fenómenos estrictamente hipnóticos (Loriedo, Zeig y Nardone, 2011); en realidad, sugestión e hipnosis son fenómenos cercanos y a la vez muy distintos. Si, en el caso de la hipnosis, tenemos la posibilidad de efectuar mediciones objetivas, como las ondas que pueden medirse con el electroencefalograma y las escalas de inducción hipnótica rigurosamente aplicables (Weitzenhoffer y Hilgard, 1959; Yapko, 1990; Nash y Barnier, 2008), en el caso de la sugestión es mucho más difícil realizar una medición, porque se trata de un fenómeno con muchas más variantes y que se produce en un estado de vigilia total y de actividad normal del individuo implicado. Si bien al estado hipnótico se le pueden asociar determinadas predicciones, sobre todo en el caso de las expresiones no verbales, estas señales no aparecen obligatoriamente en un estado sugestivo. Un ejemplo de ello es el «efecto masas» estudiado por Gustav Le Bon a principios del siglo pasado, ese estado de sugestión en que el individuo, «inmerso» en una masa de personas unidas por un mismo objetivo, pierde los frenos inhibidores y adapta su comportamiento personal al del grupo. En palabras de Le Bon (1895), el individuo se convierte en «la gota de agua empujada por la corriente» representada por muchas gotas individuales que, al unirse, forman una nueva e irrefrenable realidad: la ola que barre todo lo que encuentra a su paso. Este fenómeno, como bien saben los psicólogos sociales, está en la raíz de los crímenes perpetrados por las masas. Como confirmación de la dificultad de medir objetivamente la sugestión, puesto que se trata de un fenómeno que está siempre presente en nuestra realidad de seres vivos en constante relación consigo mismos, con los otros y con el mundo, permítanme que les explique un caso ocurrido recientemente. En la Link Campus University de Roma, un renombrado investigador dio una conferencia en relación con los avances de sus estudios sobre las llamadas «neuronas espejo». Al acabar la presentación, tuvimos ocasión de intercambiar nuestras experiencias con vistas a una posible colaboración en la investigación. Durante esta charla le pregunté al investigador si alguna vez se había detectado la activación de las neuronas espejo en individuos en estado de sugestión; él, con el entusiasmo propio de los auténticos investigadores, respondió que sería realmente interesante realizar ese tipo de experimento y me preguntó cómo podía medirse objetiva y cuantitativamente la existencia de un estado de sugestión. Cuando le repliqué que por el momento no había otros instrumentos objetivos capaces de medir ese fenómeno que no fueran una observación atenta de los cambios en la capacidad de sentir y de actuar de las personas en ese estado, él concluyó que no era posible realizar estudio alguno.

Esta conversación ponía de manifiesto uno de los límites más insidiosos de la investigación científica, esto es, el hecho de limitarse a los métodos cuantitativos y, por tanto, a los fenómenos a los que estos métodos pueden aplicarse. Es como si todos los fenómenos puramente cualitativos, no «operacionalizables», no fuesen importantes o ni siquiera existieran porque están excluidos de la investigación (Nardone y Milanese, 2018; Castelnuovo *et al.,* 2013); los fenómenos sugestivos, no reducibles a una operacionalización cuantitativa, son ignorados pese a que su evidencia empírica es a menudo clamorosa.

Desde la Antigüedad se conocen casos de sugestión tanto individual como colectiva, en los que se produce una especie de «imposición» externa a la que la mente de los individuos no puede resistirse, la acción de una fuerza oscura que somete la voluntad de las personas. Sin embargo, tampoco ahora las descripciones de los fenómenos sugestivos difieren mucho de las antiguas, a pesar del progreso y del avance de los conocimientos. Basta buscar el término, no solo en las enciclopedias o en los diccionarios, sino también en los tratados especializados de psicología, para comprobar cuán oscura, vaga y muy poco esclarecedora es la explicación del fenómeno, reducida a la observación del hecho de que la sugestión se opondría a la voluntad, a la lógica y a la capacidad de elección racional. Los estados sugestivos serían no conscientes, o solo parcialmente, porque están producidos por algo que altera la presencia lúcida y la voluntad del individuo. De ahí que la acepción del término sea generalmente negativa: la sugestión es peligrosa porque puede inducir a hacer cosas en contra de la voluntad y de la razón.

Ninguna de estas definiciones tiene en cuenta que gran parte de los descubrimientos científicos, de las obras de arte, de las gestas y de los récords ha sido posible gracias a que se han realizado en un estado de sugestión, definido como «trance performativo» (Nardone y Bartoli, 2019): un estado de inconsciencia, pero educado por el ejercicio repetido, que libera la mente de las ataduras de la conciencia lúcida y de la razón y permite al sujeto expresar potencialidades que, de no ser así, estarían bloqueadas. Tampoco se tienen en cuenta los poderes terapéuticos de la sugestión, como en el caso del efecto placebo y del de las expectativas, efectos que han sido tan demostrados a nivel experimental como, en general, ignorados por la medicina y por la psicología, cuando, paradójicamente, tratan de evidencias terapéuticas. Lo mismo cabe decir de los estudios relativos al lenguaje y a la comunicación, sector en el que —si bien el poder de las sugestiones evocadoras está bien descrito y explicitado— se sigue considerando preferible una comunicación «carente de oropeles retóricos» y sugestiones. Por otra parte, esta es la suerte milenaria de la persuasión que, pese a ser considerada «el arte más noble» (Nardone, 2015), es mayoritariamente contemplada con recelo y hasta juzgada como una forma incorrecta, e incluso deshonesta, de comunicar. Platón sigue dominando la escena de la filosofía (Whitehead, 2014) y, desgraciadamente, además de la limitación de las ciencias a los métodos cuantitativos, las disciplinas lógicas y filosóficas siguen lastradas por el prejuicio de que solo lo que puede reducirse a una lógica rigurosa y a una clara racionalidad se considera válido y legítimo. No obstante, esta forma de interpretar el conocimiento que el hombre puede desarrollar limita su ámbito a lo que es reducible a esos criterios de evaluación y medición; lo hace reduccionista, pues lo desequilibra en el contexto de la justificación y del control y corta las alas al descubrimiento.

Sin embargo, como sostuvo Albert Einstein, «la lógica nos lleva de A a B, la imaginación a todas partes». Y en cuanto a la excesiva confianza en la lógica basada en la matemática, hay que considerar que si se invierte el orden de los sumandos el resultado no cambia, pero si se invierte el orden de las palabras cambia el significado. Dicho de otro modo, limitar la ciencia y sus aplicaciones solo a lo que es operacionalmente medible y lógicamente coherente, congruente y no contradictorio es volvernos ciegos y sordos a todas las realidades que no conseguimos explicar debido a las limitaciones de nuestros métodos de conocimiento

(Nardone, 2017), lo que produce involuciones en vez de evolución, como ocurre en todos los sistemas autorreferenciales, similares a habitaciones llenas de espejos que se remiten unos a otros la misma imagen. Por esta razón, muchos fenómenos naturales y sociales que muestran efectos concretos, a menudo reproducibles pero no explicables, son excluidos de las llamadas «buenas prácticas» incluso en ámbitos donde podrían ser decisivamente útiles, como en el caso de la medicina y de la psicología aplicada. Con anterioridad hemos citado a modo de ejemplo el efecto placebo, que muchas veces resulta tan eficaz como las terapias normales, e incluso más, pero que, en cualquier caso, es capaz de aumentar la eficacia de las prescripciones médicas: a pesar de esto, la medicina nunca lo considera un recurso terapéutico. En el ámbito de la psicología clínica está demostrado que la expectativa del paciente respecto de la terapia y el terapeuta es uno de los factores más importantes para el éxito del tratamiento, pero no se explica que es fruto de sugestiones como la notoriedad y el carisma del terapeuta y la comunicación persuasiva respecto de los métodos de la terapia. En su obra *La speranza è un fármaco* (2018), Fabrizio Benedetti expone numerosos ejemplos de cómo simples sugestiones positivas, evocadas por el médico ante enfermos incluso muy graves, influyen notablemente en los efectos de las terapias. «Las palabras eran originariamente mágicas», escribió Sigmund Freud, fundador del psicoanálisis, frase retomada por uno de los maestros de la psicoterapia breve, Steve de Shazer (1994), quien la utilizó como título de una obra suya. La «magia», efecto de la comunicación, que, ciertamente, no se limita a las palabras, sino que abarca los gestos y la musicalidad de la voz y todo lo que es lenguaje analógico y evocador, tan celebrado en las artes, ha de tener cabida también en una ciencia que supere sus límites actuales, porque si su evidente poder se aplicara a disciplinas como la medicina, la psicología y las ciencias sociales incrementaría y elevaría su eficacia y su eficiencia. El objetivo de esta obra es, justamente, prestar la debida atención a la esfera arcana, «mistérica», de los fenómenos sugestivos y de los estados alterados de la conciencia, a su efecto y a su aplicación como verdaderos instrumentos terapéuticos y métodos para realizar cambios personales, sociales y económico-organizativos. Analizaremos, pues, tanto la sugestión y las formas de utilizarla estratégicamente como los estados alterados de conciencia, para poder reproducirlos y utilizarlos como vehículos de cambio terapéutico y social. Veremos cómo, gracias a más de treinta años de experiencia clínica y de investigación aplicada, las técnicas de comunicación sugestiva, primero elaboradas, luego experimentadas en una gama realmente muy amplia de casos, incluso a nivel transcultural, y finalmente formalizadas como auténticos instrumentos, son capaces de producir tanto cambios terapéuticos «aparentemente mágicos» como modificaciones sorprendentes en las relaciones entre las personas en sus contextos sociales y/o profesionales.

Esto es lo que, junto con Paul Watzlawick, definimos en 1989 como «hipnoterapia sin trance» (Nardone y Watzlawick, 1990).

1. Hipnoterapia sin trance: desvelar el misterio

Antes de convencer al intelecto,
es imprescindible tocar y predisponer el corazón.

BLAISE PASCAL

Psicoterapia y comunicación sugestiva

Tratar del lenguaje que sugestiona en el ámbito clínico nos conduce, de manera inevitable, a hablar de comunicación terapéutica y, en concreto, de la orientada estratégicamente a provocar cambios en los pacientes.

A este respecto, entre las numerosas tradiciones teórico-prácticas, la interaccional estratégica (Nardone y Salvini, 2019) la ha convertido, sin duda, en la base de su acción. El enfoque nace en la década de 1950, en Palo Alto, siguiendo la línea de los estudios llevados a cabo durante más de diez años por el grupo encabezado por Gregory Bateson sobre la pragmática de la comunicación humana (Wittezaele, en Nardone y Salvini, 2019).

La característica más interesante de este enfoque, al que han contribuido numerosos investigadores de distintas disciplinas, es la multiplicidad de puntos de vista adoptados en el análisis de la comunicación, no solo humana, sino también en la relación con los animales y en cuanto a la forma de su interacción.[1] El enfoque fundamental se centraba en los efectos de la comunicación sobre cómo los seres humanos perciben la realidad e interactúan con ella; la comunicación se entendía como instrumento para inducir cambios, tanto constructivos como destructivos, tanto saludables como malsanos. Tras unos siglos en los que prácticamente se obviaron los efectos persuasivos pragmáticos de la comunicación, los estudios de la Escuela de Palo Alto volvían a situarlos en el centro de atención mediante una investigación que afectaba a todas las esferas de la vida. Por primera vez en el mundo occidental moderno se tomaba de nuevo en consideración el estudio de la pragmática, de la retórica, del convencimiento, de

---

[1] En los años anteriores a la Segunda Guerra Mundial y luego en la posguerra, un grupo de estudiosos, dirigidos inicialmente por Gregory Bateson y divididos luego en varios grupos de investigación, formuló la «perspectiva interaccional» (Watzlawick y Weakland, 1977) partiendo de la idea de que cualquier fenómeno que es objeto de observación debe considerarse el producto de la interacción constante entre factores imprescindibles, como la influencia recíproca y circular entre aspectos individuales, interpersonales y socioculturales. Prácticamente todas las ciencias y disciplinas aplicadas se vieron influidas positivamente por esa metodología, basada en la «causalidad circular» entre los factores en juego en el interior de un fenómeno. Esta perspectiva, además, conciliaba la tradición del conocimiento occidental con la oriental (Capra, 1989; Jullien, 1996) y favorecía la interacción entre la investigación cualitativa y la cuantitativa.

lo que en el mundo griego había sido el «noble arte de la persuasión»; concretamente, el que practicaron y enseñaron los sofistas, sabios («sofista» significa «sabio en grado sumo») que, como expertos que habían elaborado métodos de comunicación persuasiva, los aplicaban con enorme éxito a muchos campos de la acción humana. Podría decirse que fueron los asesores en la resolución de problemas de gobernantes y monarcas, los formadores de las élites, maestros de la retórica y primeros médicos. Pocos saben que Hipócrates, considerado el padre de la medicina, era sobrino de Gorgias, el sofista más importante y cuyo hermano (Diels y Kranz, 2006) fue uno de los primeros médicos de la Antigüedad (Nardone y Salvini, 2019). Otro insigne sofista, Antifonte, fue el primer psicoterapeuta de la historia: en el siglo V a.C. ya había abierto una consulta para curar todos los males con palabras y persuasión, y tuvo tanto éxito que mereció figurar en *Vidas de los diez oradores,* obra atribuida a Plutarco, y en *Memorables,* de Jenofonte. Eran tantas las personas de todo el mundo helénico que acudían a su consulta que acabó estresado y decidió abandonar esa práctica. Demasiado éxito, demasiada demanda, demasiada presión. Hoy diríamos que tenía el síndrome de *burnout* (Maslach, 1982).

Los sofistas fueron, de hecho, los primeros grandes epistemólogos constructivistas que, según Protágoras, consideraban «al hombre la medida de todas las cosas». Su gran rival y adversario fue Platón, que proponía, en cambio, una filosofía de las «verdades absolutas».

También en la antigua Roma la retórica y la oratoria eran consideradas las disciplinas más elevadas que el hombre podía cultivar. Pero es precisamente a partir de aquí cuando el cristianismo y la filosofía platónica conquistan la hegemonía de la cultura y del conocimiento, que, de sabiduría pragmática, se transforma en saber dogmático. El absolutismo platónico y el monoteísmo cristiano se convierten en las claves del conocimiento y en las bases de la moral.

El tema de la presente obra, la hipnoterapia sin trance, parte de los estudios sobre la utilización de la comunicación como instrumento de cambio terapéutico, cuyos primeros representantes fueron los sofistas; la escuela de Palo Alto recupera su visión. Paul Watzlawick, la mayor estrella de este firmamento, publica *Teoría de la comunicación humana* (Watzlawick *et al.*, 1967), que se convierte en la «biblia» de quienes desean utilizar la comunicación como instrumento de cambio en psicoterapia y otros ámbitos.

Llegado a este punto, el lector podría preguntarse: «Entonces, ¿por qué se habla de hipnoterapia sin trance y no de pragmática de la comunicación?». Para explicarlo es necesario retroceder en el tiempo. En 1930, el hipnotizador más conocido del siglo pasado, Milton Erickson, escribe un artículo que es la base de lo que más tarde será la idea de la hipnosis sin trance. En él se habla de las sugestiones indirectas y se sostiene que funcionan mucho mejor que las sugestiones directas, hasta el punto de que el propio Erickson, en la última etapa de su carrera de psicoterapeuta y para dar prescripciones y hacer reestructuraciones a sus pacientes, utilizaría cada vez menos la hipnosis directa y cada vez más el lenguaje hipnótico y la sugestión.

La moderna hipnoterapia sin trance es, por tanto, el fruto de la síntesis entre dos tradiciones, la del grupo de Palo Alto y la ericksoniana. En 1974 Watzlawick y su equipo publican *Cambio. Formación y solución de los problemas humanos,* y no es casual que sea el único libro para el que

Erickson escribe el prólogo, lo cual expresa la importancia que le concedía. En 1977 Watzlawick publicó *El lenguaje del cambio,* en el que analiza con más detalle aún las características del lenguaje hipnótico, sugestivo y retórico y, por primera vez, demuestra que es el tipo de lenguaje que habla con nuestro cerebro antiguo.

En aquellos años aparecieron los primeros estudios de temática neurocientífica, que culminarían con la obra de Michael Gazzaniga, uno de los fundadores de la moderna neurociencia, en la que se reproducían todos los estudios más avanzados sobre el funcionamiento del cerebro (Gazzaniga, 1999). La idea era que nuestro cerebro tiene dos hemisferios, uno analógico y uno lógico. Podría decirse, pues, que Watzlawick había demostrado que el lenguaje sugestivo, lleno de evocaciones y de técnicas performativas, moviliza el hemisferio derecho, activando la parte más emocional y más arcaica de nuestro cerebro.

Actualmente, la neurociencia ya no habla de dos hemisferios, sino de una estructura piramidal del cerebro (Koch, 2012; Lindquist *et al.,* 2012; Berridge y Kringelbach, 2015; Davidson y Begley, 2012), que está dividido en tres partes: el paleoencéfalo, la parte más antigua, donde residen todos los mecanismos de respuesta inmediata, inconsciente y las emociones primarias (miedo, placer, dolor, rabia) (Nardone, 2019). En este nivel nuestro organismo responde en milésimas de segundo a los estímulos, ya sean externos a nuestro organismo o internos, utilizando el sistema perceptivo-emocional que el investigador de Harvard Daniel Dennett (2017) define como «competencias sin comprensión», afirmando que lo que sucede a este nivel bastaría para vivir felices; estas respuestas serían nuestros mecanismos adaptativos más eficaces.

Sobre el paleoencéfalo se encuentran el mesencéfalo, que es la parte donde se hallan las competencias psicomotrices, y el sistema límbico, que conecta el mesencéfalo con el telencéfalo, o sea, la corteza.

Los estudios más recientes muestran que los cambios más importantes en el ser humano solo se producen si hay experiencias fuertes a nivel paleoencefálico (LeDoux, 2002; Nardone y Milanese, 2018): todo lo que se hace a nivel telencefálico, de corteza, tiene escasa influencia en el sistema adaptativo de las emociones primarias.

Si se utiliza un lenguaje sugestivo, evocador, performativo, se estimula directamente la parte más arcaica de nuestro cerebro, porque se activan las emociones primarias y los mecanismos que están por debajo del nivel de conciencia (Nardone, 2015).

En nuestro campo de la psicología siempre se ha pensado que el pensamiento y los conocimientos constituyen la cumbre de nuestro saber; la neurociencia, en cambio, demuestra que más del 80% de nuestra actividad cerebral se desarrolla por debajo del nivel de la conciencia (Koch, 2012). De modo que la conciencia no tiene todo ese poder que se le atribuye desde hace milenios; es más, cuando quiere interferir en las emociones primarias, la mayoría de las veces las altera y crea un conflicto que genera respuestas disfuncionales.

La hipnosis sin trance se consigue con el estudio y la práctica del lenguaje sugestivo, que va a trabajar directamente sobre las partes más antiguas de nuestro cerebro estimulando las «competencias sin comprensión».

Veamos algún ejemplo simpático: el flechazo, el enamoramiento inmediato, tarda en producirse entre 16 y 32 milésimas de segundo. Percibimos esa mirada, esa sonrisa, ese movimiento sensual y ¡bum! Nos han conquistado completamente. Es un ejemplo de efecto sugestivo muy potente. Otro es el que he citado al comienzo de este libro, esto es, el del orador que ha de hablar ante un público muy numeroso. Llegas, te sientas, es hora de empezar; todo el mundo sigue hablando, ni siquiera te ven; el intento de solución de los oradores suele consistir en tomar el micrófono y decir: «por favor, siéntense», y es una solución decididamente infructuosa. En cambio, si empieza a mirar a la gente, en pocos instantes todos se sentarán y lo mirarán como cautivados. Y lo están: cautivados por la sugestión.

Sugestión: la famosa desconocida

¿En qué difiere la sugestión de la hipnosis? En la hipnosis tenemos una alteración reproducible y mensurable del modo de percibir del sujeto e incluso variaciones de sus respuestas; es decir, podemos reproducir las condiciones que provocan esa alteración y medir las ondas electroencefalográficas durante el estado hipnótico.

En el estado de sugestión esto no ocurre: no hay alteración de las ondas electroencefalográficas ni existe un procedimiento estándar para inducir el estado de sugestión.

El estudio de la hipnosis según los criterios compartidos por el mundo científico permitió a un renombrado profesor de la Universidad de Stanford, Ernest R. Hilgard, establecer una escala rigurosa de «sugestionabilidad hipnótica» (Weitzenhoffer y Hilgard, 1959). Así, observamos que Hilgard utiliza el término «sugestionabilidad» y, en realidad, esta es la clave para resolver el dilema, ya que es la sugestión la que crea la hipnosis. Así pues, ¿qué ocurre durante una inducción al trance sino el hecho de que a través de un procedimiento sugestivo el hipnotizador conduce al sujeto al estado alterado de conciencia que es la hipnosis? Sin comunicación sugestiva y sugestionabilidad del sujeto el fenómeno, simplemente, no se produce. Y no solo eso: una vez que se ha producido el estado hipnótico, si queremos provocar determinadas sensaciones en la persona hipnotizada, tenemos que volver a utilizar sugestiones, esto es, fórmulas lingüísticas evocadoras de lo que se pretende producir en el sentir del sujeto.

Por lo tanto, la comunicación que crea la sugestión es a la vez el vehículo para inducir el trance y lo que nos permite dar indicaciones dentro del estado alterado de conciencia en el que la perceptividad del sujeto está aumentada y más abierta a las sensaciones. Resumiendo, también la hipnosis precisa de la sugestión y la sugestionabilidad para producirse, mientras que los fenómenos sugestivos son independientes de la hipnosis y pueden darse sin que el sujeto se encuentre en ese estado alterado de conciencia.

Desde siempre, el poder de influencia de la sugestión fascina en la misma medida en que asusta. Si buscamos en el diccionario o en internet qué significa la palabra «sugestión», veremos que la definición es terrible: una comunicación capaz de apoderarse de la voluntad del individuo. Como dice Giulio Belfiore (1918), uno de los más distinguidos estudiosos de la hipnosis y la sugestión, Cagliostro, estuvo encarcelado hasta su muerte debido a su capacidad demoníaca de apoderarse de la voluntad de los demás. Se ofrece la imagen de una fuerza oscura de la que hay que huir, algo mágico, un poder esotérico; en realidad, como ya se ha señalado, se trata de un fenómeno estudiado por la psicología, aunque estos estudios han sido abandonados y poco tenidos en cuenta por los críticos: hablamos de la psicología social, que trata de forma rigurosa el fenómeno de la sugestión de masas, el «efecto masa». Le Bon describe dicho efecto como el fenómeno en el que todos los individuos que la componen están orientados en la misma dirección, como si estuvieran hipnotizados; en realidad están sugestionados. La sugestión que actúa en el efecto multitud explica cómo el contable del banco, un hombre absolutamente pacífico durante la semana, cuando llega el domingo se transforma en un monstruo agresivo en el estadio al encontrarse con los otros «ultras». La sugestión es un estímulo que llega directamente al paleoencéfalo, sorteando la resistencia de la voluntad consciente y activando respuestas puramente emocionales.

El otro fenómeno cuidadosamente estudiado por la psicología social (Moscovici y Doise, 1986) es la capacidad del caudillo o del dictador para dominar la voluntad de sus seguidores, como hicieron Mussolini o Hitler en la época moderna y también supieron hacerlo en la Antigüedad grandes caudillos como Alejandro Magno. Sus discursos se siguen estudiando en las academias militares como modelos de práctica de liderazgo y de persuasión a través de formas de comunicación muy sugestivas.

Hay quien explica superficialmente este fenómeno señalando que se trataba de personajes carismáticos. Estamos de nuevo ante el juego de los dos relojes que se controlan mutuamente: cada uno mide la exactitud del otro, pero no está demostrado que cada uno por separado sea exacto. Se explica una cosa a través de otra que no está explicada, en este caso la sugestión de masas como efecto del carisma, sin explicar qué es el carisma en realidad.

El significado originario de la palabra griega «carisma» es «don de Dios»; «carismático» es aquel que resplandece con la luz divina y la transmite.

Quizá sea la imagen más adecuada para describir el poder de la sugestión. ¿Qué es lo que hace que una comunicación sea sugestiva sino el hecho de ser percibida como algo que toca nuestras fibras emocionales más sensibles? Una máxima sublime, un panorama espectacular, una mirada seductora y una sonrisa cautivadora, un aforismo deslumbrante o un madrigal poético son formas de estímulos sugestivos, pero se pueden producir efectos aún más impactantes al asociar estímulos sugestivos distintos y en orden sucesivo: es lo que ocurre con el discurso de un gran orador, por ejemplo, en el que tanto los argumentos utilizados como su comunicación no verbal y paraverbal crean formidables efectos sugestivos, capaces de persuadir al público asistente. Como afirmaba Gorgias (Diels y Kranz, 2006): «La palabra que ha persuadido a un alma coacciona al alma que ha persuadido a cumplir los dictados y a consentir en los hechos». Por tanto, el carisma —que es el efecto de la capacidad de sugestionar y no la causa de la sugestión— hace que quien ha desarrollado esta habilidad comunicativa sea capaz de producir sugestiones que una persona corriente ni remotamente imaginaría que es capaz de inducir.

Pero si de las ciencias sociales, que han estudiado la comunicación de masas, volvemos a la psicología individual y a la medicina, observamos que sigue existiendo una desconfianza y una falta de consideración ante el potencial terapéutico de la sugestión. Hemos aludido antes al efecto placebo: aunque se ha demostrado que puede contribuir hasta en un 40 o 50% al éxito de cualquier terapia (Milanese y Milanese, 2015), y que puede considerarse una excelente ayuda terapéutica, no hay ninguna forma de práctica médica que la utilice deliberadamente. A menudo ni el paciente ni el médico son actores conscientes del efecto placebo: para el paciente parece que solo se trata de recibir una prescripción, aunque es un hecho que cuanto más crea en su validez, mejor funcionará; el médico, por su parte, se limita a prescribir una cura, si bien cuanta más confianza sea capaz de infundir en el paciente, más creerá este en su prescripción. Convertir este proceso sugestivo en una técnica reproducible ayudaría extraordinariamente a la eficacia de las terapias; una ayuda muy poco costosa, además, porque solo habría que enseñar a los médicos a comunicar de manera sugestiva.

El otro tipo de sugestión realmente potente en la terapia es el efecto expectativa: por ejemplo, en el estudio de los factores terapéuticos comunes en psicoterapia está demostrado que la expectativa del cliente respecto del resultado del tratamiento constituye la prerrogativa más importante para la eficacia de la propia terapia. Pero esta también es sugestión, y debería utilizarse estratégicamente y no limitarse a esperar que se produzca. Voy a poner un ejemplo curioso: desde hace años disfruto de una manifiesta reputación como psicoterapeuta, y quien quiere concertar una cita conmigo entra en una lista de espera que va de tres a seis meses, a menos que se trate de una urgencia, como en el caso de una anoréxica que pesa 25 kilos: entonces hay una vía preferente. Durante este período de espera, las personas confían en que cuando acudan a mí se producirá una especie de magia. Pues bien, en la primera sesión, una buena parte de los pacientes logra mejorar. Debo agradecérselo, porque de este modo el porcentaje de mis éxitos profesionales se mantiene alto, y ellos mismos hacen buena parte del trabajo. Algunos explican: «Mientras esperaba leía sus libros e intentaba hacer alguna cosa para llegar antes». También en este caso estamos frente a un efecto de la sugestión; como diría Hugo von Hofmannsthal: «Todo aquello en lo que se cree existe» y, añadimos, produce efectos concretos.

Por este motivo habría que aprender a crear, a través de la comunicación sugestiva, «realidades inventadas» que producen efectos concretos (Watzlawick y Nardone, 1997). Pero, por otra parte, todas las formas de psicoterapia tienen sus rituales sugestivos que crean expectativas: los distintos *settings* son mensajes sugestivos, al igual que muchas técnicas, mientras que el mero diálogo, en un contexto terapéutico, ya produce sugestión. Por eso, para hacer más eficaces las intervenciones terapéuticas mediante un uso deliberado de la sugestión no es necesario inventar nuevas estrategias de comunicación, sino, en la mayoría de los casos, convertir en estratégicas las que ya se utilizan, cuyo potencial es infravalorado demasiado a menudo. Esta tesis está respaldada por el mecanismo de las neuronas espejo, descubierto por V. S. Ramachandran (2000) y G. Rizzolatti y L. Craighero (2004): cuando dos individuos entran en contacto y se «sintonizan», se activan en ellos las mismas áreas del cerebro, en una especie de identificación neural que activa las mismas emociones en las dos mentes.

Los psicólogos «ingenuos» sostienen que este fenómeno en realidad es empatía y, de nuevo, utilizamos una palabra que necesita ser explicada para explicar algo que hay que explicar. El término «empatía», que procuro evitar casi siempre, fue introducido por primera vez en el ámbito de la terapia por Carl Rogers (1951), y consiste en ponerse en la piel del otro, pero, en realidad, se trata también de una forma de sugestión. Las neuronas espejo constituyen una dinámica sugestiva distinta, puesto que ni siquiera es necesario que dos personas se miren para provocar la activación conjunta, sino que basta con que ambas observen algo que las impacta, que escuchen una música que provoca en las dos las mismas sensaciones, o que ocurra algo que provoque que experimenten la misma emoción. Esto explica, desde un punto de vista neurológico, cómo se crean los fenómenos sugestivos cuando dos personas entran en un contacto emocionalmente cargado, y reafirma que es la comunicación la que induce la sugestión; de ahí la importancia de estudiar el tipo de lenguaje más adecuado para evocar efectos tan potentes.

Hay que decir, por último, que cuando tratamos de la sugestión estamos hablando de un fenómeno extraordinariamente complejo del que ni la medicina ni la psicología han sabido dar una definición adecuada; se habla muchísimo de sugestión, pero siempre a escondidas, como se hace cuando se trata de una cosa de la que no acabamos de fiarnos.

¿Por qué, pese a que se reconoce el enorme poder de la sugestión en numerosos ámbitos, los estudios sobre el tema son tan escasos? En primer lugar, como ya hemos señalado, es un tema de estudio que no se presta a la metodología cuantitativa y, por tanto, se evita desde la psicología y la medicina. En segundo lugar, porque la ciencia moderna y las dinámicas académicas exigen a los investigadores publicar en revistas especializadas, si quieren hacer carrera; para ello, es menos comprometido realizar una investigación cuantitativa que una cualitativa sobre el terreno. Además, se considera que los estudios cuantitativos de laboratorio son más rigurosos, más controlados, y por eso se desestiman una serie de temas que no se hallan sometidos a un control rígido; la sugestión es uno de ellos, como también lo es la comunicación no verbal, que es en gran parte sugestiva.

Un profesor de psicología, Felice Perussia, publicó *Manuale di ipnosi* (2011), donde recoge una gran cantidad de estudios sistemáticos en torno a la hipnosis, que describen sus características de manera rigurosa. Aunque en esta obra el autor intenta asimismo definir la sugestión, lo hace partiendo del presupuesto de que «sugestión» es sinónimo de «sugerencia». En lingüística, se distingue entre semántica, sintaxis y pragmática: la pragmática es el estudio de los efectos de una palabra, de una comunicación, de un enunciado; la sintaxis es el estudio de la estructura del enunciado en términos gramaticales, fonéticos, etcétera; la semántica es el estudio del significado. En este caso, tenemos un estudio basado en la semántica y no en la pragmática. De ello deriva que los más de cien tipos de «sugestión» identificados en el texto no expliquen ni el fenómeno en sí ni sus efectos.

Estados alterados de conciencia: gracia y desgracia de la mente

Para aclarar aún más qué entendemos por sugestión, vale la pena considerar los estudios que la incluyen entre los denominados «estados alterados de conciencia».

Los manuales dedicados a los estados alterados de conciencia hacen una especie de clasificación según el mayor o menor grado de profundidad, y en ellos la sugestión se sitúa en el nivel más bajo y la hipnosis en el más alto (Sims, 2002). Por consiguiente, la primera tendría un «poder» menor y la segunda uno mayor, simplemente porque, también en este caso, los estados alterados de conciencia se miden de forma cuantitativa, sobre la base de lo que somos capaces de mensurar. Pero esto es ver las cosas a través de la lente de la que disponemos y engañarnos pensando que es la realidad. Como hemos señalado, la sugestión es lo que produce la hipnosis; lo que puede parecer, en la secuencia temporal, el primer paso de un estado alterado de conciencia es, en realidad, el elemento esencial y necesario para su producción.

La hipnosis profunda aparece como el estado alterado de conciencia de grado más elevado, porque en el trance hipnótico el sujeto se halla en una situación de separación de lo que se define como «conciencia lúcida». Los estados alterados de conciencia, sin embargo, no se limitan a la sugestión o a la hipnosis: piénsese en cosas como el delirio o la exaltación religiosa, la alteración producida por el consumo de drogas o las condiciones de alteración de las sensaciones como las que experimenta un individuo en una discoteca, donde es bombardeado con música a todo volumen y luces estroboscópicas. De modo que tenemos diferentes tipos de estados alterados de conciencia: estados alterados por la química, estados alterados por experiencias que impactan fuertemente en los sentidos, estados fruto de estímulos sugestivos más o menos articulados y complejos, y alteraciones producidas por el estado hipnótico. También hay que tener en cuenta que los estados alterados de conciencia aumentan a su vez la sugestionabilidad del sujeto, haciéndolo mucho más sensible a los estímulos sensoriales y mentales, y por eso dan lugar a estados extremos como el éxtasis y el delirio, el dolor y el placer arrollador, el pánico y la euforia.

Resulta evidente, pues, que los efectos de la sugestión en sus distintas formas tienen el poder de suscitar estados alterados de conciencia que van mucho más allá del hipnótico y que, una vez creado este estado de «gracia» o de «desgracia», son también las sugestiones las que permiten orientar en qué dirección irán sus efectos. La comunicación sugestiva es el instrumento principal para inducir un cambio en el modo de percibir y reaccionar de cada persona, de los grupos y de las masas; como todo en la naturaleza, sus efectos pueden ser buenos o malos según el uso que de ella se haga. Nada es bueno o malo en sí mismo; depende de cómo, cuánto, con quién y dónde se utilice.

Sobre estas bases actúan también quienes emplean la sugestión para movilizar a las masas en direcciones que tienen terribles consecuencias; pensemos en los vídeos que difundió Osama bin Laden, y en los cuales todo parece perfectamente estudiado: él sentado con las piernas cruzadas en una postura de meditación, aunque a su lado estaba la ametralladora…; él hablando de una manera lenta, pausada, persuasiva, diciendo cosas terribles, evocando la guerra santa contra el demonio americano; con la mirada perdida, arrebatado, pero de vez en cuando se dirige directamente a la cámara para luego mirar de nuevo hacia lo alto, como queriendo captar la inspiración divina. Nos guste o no, Osama bin Laden ha sido sin duda el líder más carismático de los últimos decenios, y el hecho de que un poderoso instrumento de cambio como la sugestión, que tan bien sabía utilizar, pueda ser usado con fines criminales no debe inducirnos a criminalizarla también, impidiéndonos utilizarla en el ámbito terapéutico y social. Con estas premisas, Paul Watzlawick y yo trabajamos conjuntamente para elaborar técnicas comunicativas que puedan producir potentes efectos terapéuticos, esto es, capaces de crear en las personas un estado alterado de conciencia que movilice y amplifique sus percepciones y capacidades y que disminuya sus resistencias al cambio. Y de este modo, gracias a esta modalidad comunicativa, guiar a las personas a aplicar experiencias emocionales correctivas que permitan superar los límites impuestos por sus problemas.

En cuanto a la siguiente definición, la hipnosis sin trance es todo lo que afecta a la comunicación que nos permite aplicar la lógica de las estrategias y de las estratagemas terapéuticas (Nardone, 1991), y supone la mitad, o tal vez las tres cuartas partes, del trabajo terapéutico. Mientras que, normalmente, cuando se estudia psicoterapia se enseñan las técnicas y las estrategias, que son la parte cognitiva y más fácil de transmitir —es decir, el saber, el conocimiento—, la hipnoterapia sin trance es el «saber hacer».

Lo que para los cirujanos es el bisturí, para nosotros los psicoterapeutas somos nosotros mismos: como personas, a través de lo que comunicamos y cómo conseguimos inducir sugestiones que activan mecanismos de cambio en la parte más antigua del cerebro de los pacientes. Mecanismos que luego influirán en la parte más moderna movilizando las «competencias sin comprensión», cuyos efectos pueden parecer «aparentemente» mágicos.

2. Crónica de la investigación empírica

Cuando se quiere probar una cosa general,
hay que dar la regla particular; pero
si se quiere demostrar un caso particular,
habrá que empezar por la regla general.

Blaise Pascal

La investigación sobre la comunicación terapéutica verbal

Desde el comienzo del proyecto de investigación-intervención para la evolución de la psicoterapia breve estratégica de modelo general a protocolos terapéuticos diferenciados que se ajustaran a las distintas formas de psicopatología, además de la elaboración de las estrategias y estratagemas lógicas de la terapia, se tuvo en cuenta su formulación verbal, esto es, cuál sería la forma más eficaz de comunicar verbalmente las técnicas y permitir su aplicación concreta.

Lo que surgió casi de inmediato de la experimentación confirmaba con extraordinaria claridad lo que Milton Erickson y Paul Watzlawick ya habían destacado: el lenguaje indicativo y formal, es decir, el que ilustra y explica, es muy poco adecuado para los objetivos terapéuticos en general, y menos aún en una dinámica terapéutica sugestiva. En cambio, el lenguaje evocador, analógico y conminatorio es capaz de conseguir que la persona, emocionalmente perturbada, cambie su percepción de la realidad y ponga en práctica las prescripciones terapéuticas, observándolas fielmente y con una adherencia total. Por tanto, fue necesario elaborar la estructura de la comunicación terapéutica verbal de tal modo que poseyera las características adecuadas para movilizar las respuestas terapéuticas de los pacientes, o sea, primero hacerles «sentir» y solo después de haber experimentado concretamente el cambio en la percepción y haber reaccionado a la realidad, «comprender», como ya se ha expuesto en otros libros (Nardone y Watzlawick, 1990; Nardone y Portelli, 2005; Nardone y Balbi, 2008; Nardone y Salvini, 2004).

Mientras pretendíamos lograr este objetivo de la mejor manera posible, no nos limitamos a recurrir a todas las aportaciones proporcionadas por la experiencia clínica, sino que también sacamos buen provecho de la retórica antigua, de las estrategias de la persuasión, de la literatura, de la poesía y del teatro, estrategias utilizadas desde siempre para suscitar emociones y percepciones capaces de orientar las reacciones de las personas en las direcciones planificadas. El lenguaje verbal terapéutico se alejó claramente tanto de la fría y distante comunicación del clínico típica de la medicina y de los enfoques conductistas, vinculados a la formalidad de un lenguaje basado en el rigor y la racionalidad científica, como del lenguaje críptico y adoctrinador del psicoanálisis. Al mismo tiempo, con vistas a formular estrategias reproducibles, se asumió una clara diferenciación de ciertas modalidades comunicativas taumatúrgicas y casi esotéricas muy presentes en el ámbito de las terapias hipnóticas. La idea era elaborar «guiones» sugestivos para inducir estratégicamente en el paciente percepciones y emociones alternativas respecto de las que le mantenían fijado en su realidad patológica.

Esto comenzó, conviene destacarlo, en paralelo a la elaboración de estrategias y estratagemas que, en virtud de su lógica, se ajustaran a las distintas formas de psicopatología (Nardone, 1995). Se trataba de pasar de un modelo general e inespecífico de psicoterapia a protocolos específicos para las formas más invalidantes de trastorno psíquico y conductual (Nardone, 1993, 1998; Nardone *et al.,* 1999; Nardone *et al.,* 2001; Nardone y Cagnoni, 2002; Nardone, 2005; Muriana *et al.,* 2006; Nardone, 2007a; Nardone y De Santis, 2011; Nardone y Selekman, 2011; Nardone, 2012; Nardone y Portelli, 2013; Nardone y Rampin, 2015; Nardone, 2016; Nardone *et al.,* 2017; Nardone y Valteroni, 2017; Bartoletti y Nardone, 2018; Nardone, 2019; Nardone *et al.,* 2020). Formular y sistematizar las modalidades comunicativas adecuadas para hacer posible la aplicación de las técnicas terapéuticas parecía una necesidad ineludible de cara a lograr que las intervenciones fueran más eficaces, eficientes y rigurosamente reproducibles.

No es casual que las primeras técnicas terapéuticas específicas, formalizadas incluso en su estructura lingüística, nacieran en el ámbito de los dos primeros proyectos de investigación-intervención sobre los trastornos fóbicos y sobre el trastorno obsesivo-compulsivo, respectivamente. Cuando a finales de la década de 1980 presenté por primera vez los primeros frutos de este minucioso trabajo en un congreso importante sobre la psicoterapia breve, al que asistían todos los «maestros» de ese arte terapéutico, las reacciones fueron contrapuestas. Por una parte, estaban los que se declaraban contrarios y afirmaban que lo que se proponía era de sello conductista y que reducía la complejidad de la terapia a la mera técnica (entre estos, incluso algunos colegas del Mental Research Institute de Palo Alto); por la otra, estaban mi *sponsor* Paul Watzlawick y mi otro supervisor, John Weakland, a los que se añadieron con entusiasmo Cloé Madanes y Steve de Shazer. Estos, las estrellas más brillantes del firmamento de las terapias breves, no solo aprobaron lo que había presentado en grabaciones de las sesiones en las que las técnicas se aplicaban a pacientes reales, así como sus sorprendentes efectos terapéuticos, sino que me invitaron a seguir en esa línea y se declararon dispuestos a colaborar de algún modo. En los años siguientes, las repetidas investigaciones empíricas sobre amplias muestras de pacientes que ponían de manifiesto la eficacia y la eficiencia de los dos modelos concretos de tratamiento convencieron incluso a los colegas más escépticos. Lo que a la mayoría le resultaba sorprendente era la aparente magia del cambio terapéutico, que se manifestaba de manera tan rápida como radical. El posterior éxito mundial del libro escrito junto con Paul Watzlawick (1990), precisamente sobre el tema del cambio y la hipnoterapia sin trance, provocó también, además del interés creciente por parte de los colegas, el de los medios de comunicación y de las revistas no especializadas. De modo que algunas técnicas sugestivas, como la prescripción de las piruetas y de la manzana y el contrarritual sugestivo para el trastorno obsesivo-compulsivo (que veremos más adelante), pasaron de la prensa para el gran público a los programas de televisión, a los que era invitado para hacer una demostración de esos métodos sorprendentes. Mientras tanto, el trabajo de investigación-intervención proseguía sin pausa, y a la creación de nuevas técnicas terapéuticas se unió la de las formas lingüísticas más eficaces para resaltar, gracias a la sugestión, su potencial terapéutico. El hecho de haber elaborado maniobras terapéuticas precisas y ajustadas para una buena parte de las psicopatologías más importantes y frecuentes no solo aumentó los resultados positivos de los tratamientos terapéuticos, sino que hizo mucho más accesible su enseñanza a los cada vez más numerosos alumnos que se presentaban en el Centro di Terapia Strategica de Arezzo. Su «entrenamiento» difería claramente del reservado a los alumnos de los otros enfoques psicoterapéuticos, ya que se parecía mucho más al de un actor dramático, al de un orador o al de un practicante de artes marciales; en realidad, el papel de un terapeuta estratégico es el de un auténtico *performer* [1] que utiliza sus propias técnicas con precisión quirúrgica, adaptándolas a las exigencias específicas de las personas que le piden ayuda.

Durante los primeros diez años de este apasionante a la par que exigente trabajo de investigación y aplicación clínica las sesiones se subdividían en tres fases distintas:

- la definición clara y concreta del problema que había que resolver o de la patología que había que extinguir;
- el análisis y la redefinición de las modalidades disfuncionales de percepción y reacción que el sujeto ponía en práctica y que acababan alimentando el trastorno en vez de reducirlo. La redefinición terminaba con una representación metafórica de la dinámica que había que cambiar;
- la imposición de las prescripciones terapéuticas elaboradas para el trastorno presentado.

1 G. Nardone, «Therapy as performance» (www.giorgionardone.com/video).

Desde el punto de vista de la comunicación, todo se desarrollaba como una especie de *Bolero* de Ravel, esto es, un inicio modesto que gradualmente adquiere poder sugestivo hasta llegar a la representación metafórica, para estallar luego en las prescripciones asignadas con un lenguaje fuertemente cargado de sugestión, una especie de orden poshipnótica, pero dada a una persona lúcida y presente (Nardone, 1991, 1993, 1998; Nardone *et al.,* 1999; Watzlawick y Nardone, 1997). Hacia finales de la década de 1990, la comunicación sugestiva del modelo evolucionó aún más: se prestaba más atención a la importancia terapéutica del impacto perceptivo-emocional durante el diálogo, no solo al que se produce por las prescripciones que hay que poner en práctica fuera de la sesión. En otras palabras, se trataba de hacer que el primer encuentro con el paciente fuera ya efectivamente terapéutico mediante reestructuraciones especialmente evocadoras y performativas de su percepción y reacción a la situación patológica. El fruto de esta nueva experimentación es la técnica del «diálogo estratégico» (Nardone y Salvini, 2004), que representa la quintaesencia de la comunicación performativa aplicada al primer encuentro clínico. En esta nueva forma estructurada de realizar la primera entrevista se alternan de manera fluida el lenguaje explicativo y el sugestivo, a fin de construir una especie de espiral que, envolviendo al paciente, lo lleve a realizar ya durante la sesión los primeros cambios fundamentales, que luego se ampliarán y se concretarán en experiencias fuera del *setting* terapéutico. La sesión se transforma de *Bolero* de Ravel en concierto de Rachmáninov, en el cual las continuas variaciones sobre el tema conmueven y activan las emociones del oyente hasta llegar al final al «efecto eco». Las preguntas ya no son abiertas, sino cerradas con alternativa de respuesta: primero, para distinguir el tipo de trastorno; segundo, para orientar al sujeto hacia diferentes puntos de vista y, tercero, para sugerir alternativas de acción ante las situaciones de malestar. Las sugerencias se alternan con paráfrasis que resumen las respuestas del paciente, que primero puntualizan y luego reestructuran cada vez más percepciones y reacciones. Con el fin de lograr ese objetivo, el terapeuta utiliza una lógica insistente y precisa y a la vez un lenguaje fuertemente evocador, que recurre a aforismos, máximas y analogías sugestivas (Nardone, 2007b) y lleva a la persona a «descubrir» y después a comprender las alternativas terapéuticas. Este proceso en espiral conduce al final de la sesión, cuando se imponen las prescripciones formalizadas para el trastorno tratado.

Hay que destacar que tanto las preguntas —las paráfrasis— como algunas fórmulas lingüísticas evocadoras se han ido formalizando con el tiempo, como antes las prescripciones, sobre la base del conocimiento del funcionamiento de las distintas formas de psicopatología. Esto es, se han elaborado diálogos estratégicos distintos y específicos «a medida» para la lógica de los distintos trastornos, una especie de mapa con el cual descubrir el tesoro (Wittezaele y Nardone, 2016). Hay que destacarlo para que estos métodos no se confundan con rígidos algoritmos o inamovibles protocolos de manual.[2] Esas elaboraciones son prácticas heurísticas[3] que han de adaptarse caso por caso, como vere-

2 Protocolos de tratamiento rígidamente formalizados y estandarizados que, debido al esfuerzo por conseguir un aparente rigor, corren el riesgo de anular la intuición y la inventiva, fundamentos irrenunciables de cualquier intervención psicoterapéutica que respete la unicidad de cada paciente.
3 El proceso heurístico (del verbo griego *heuriskein,* «encontrar») no se basa tanto en una rígida «manualización» como, por el con-

mos, sobre todo en el contacto y en la relación emocional y, por tanto, en el registro de la comunicación no verbal y paraverbal, de la que trataremos en el próximo capítulo.

Gracias a esta evolución del modelo de psicoterapia breve estratégica, por otra parte ya evolucionado respecto de los tradicionales, la eficacia y la eficiencia de la terapia aumentaron mucho. El diálogo estratégico permite sortear de manera gradual las resistencias al cambio y la mayor parte de los pacientes se muestra decididamente colaboradora y cumple mejor las prescripciones terapéuticas. La impresionante simplicidad de aplicación de esta técnica, de por sí compleja, la hace tan potente como aceptable, precisamente porque, como veremos, encarna la quintaesencia de la hipnoterapia sin trance.

La investigación sobre la comunicación terapéutica no verbal y paraverbal

En el ya lejano 1989 dirigí un proyecto de investigación para demostrar la importancia de la comunicación no verbal en el ámbito clínico, especialmente en modelos de intervención estratégica ya bien conocidos por la utilización de una comunicación sugestiva y a veces di-

---

trario, en estrategias cognitivas intuitivas, rápidas, analógicas y a menudo creativas. La heurística es la base de la mayor parte de los procedimientos de *problem solving* psicoterapéuticos y puede llegar a estructurar verdaderos algoritmos sobre las modalidades del cambio en psicoterapia, a partir de la aplicación de técnicas, estrategias y estratagemas capaces de simplificar la complejidad de un problema y de incidir directamente en las variables que producen una ruptura de los equilibrios patógenos.

rectamente hipnótica. Se seleccionaron diez casos de pacientes con ataques de pánico y diez con trastorno obsesivo-compulsivo, tratados con el protocolo terapéutico específico y filmados con un sistema de doble cámara que permitía captar la comunicación no verbal tanto del terapeuta como del paciente. Los dos tipos de tratamiento correspondían a terapias que utilizaban las mismas técnicas, tanto para la investigación como para las prescripciones, y se aplicaban utilizando exactamente las mismas formulaciones verbales. Distintos terapeutas realizaban exactamente la misma entrevista y prescribían las mismas indicaciones, típicas de los dos protocolos de tratamiento específico para el pánico y el trastorno obsesivo-compulsivo. Un grupo de observadores anotaba los cinco actos comunicativos no verbales y paraverbales destacados por la investigación como factores pragmáticamente relevantes (Patterson, 1982) en una interacción clínica: el *gazing* (contacto ocular persistente), la proxémica y los movimientos corporales, la prosodia y las variaciones de la voz, la sonrisa y la mímica facial.

Por razones económicas y de tiempo, el estudio se limitó a la primera sesión de cada caso y a sus resultados en cuanto a la *compliance* por parte del paciente y a posibles logros terapéuticos. De cualquier manera, las conclusiones fueron muy interesantes: en los casos en que el terapeuta había asignado las prescripciones manteniendo el contacto ocular y cambiando el tono y ritmo de la voz, haciéndolo más grave y más lento, la *compliance* era total, en el sentido de que el paciente había seguido las prescripciones y se observaban cambios terapéuticos; en los casos en que estos dos factores no habían sido activados o mantenidos, se observaba una clara caída del cumplimiento y la adherencia a las prescripciones y no había ningún resultado terapéutico (Nardone, 1994).

Numerosos estudios posteriores avalaron estos resultados. Como afirma A. Mehrabian (1981, 2007), el lenguaje no verbal y paraverbal vehicula más del 80% del intercambio emocional entre los comunicantes. Aunque, desde mi punto de vista, lo que hace más valiosa esta investigación y todas las que en los decenios sucesivos llevaron a cabo los investigadores del Centro di Terapia Strategica de Arezzo —que ensayaron las técnicas elaboradas incluso a nivel transcultural, demostrando que su eficacia se mantiene en distintas culturas y sociedades— es el hecho de que entre los muchos actos paraverbales y no verbales los dos fundamentales son los que se producen con la mirada y con la voz. No solo son claramente los más potentes para crear una sugestión/hipnosis sin trance, sino que, si se ejercitan bien, permiten que todos los otros factores comunicativos no verbales se expresen de la mejor manera posible. En otras palabras, si el psicoterapeuta utiliza bien la mirada tanto en las fases de escucha activa como en las prescriptivas, si varía el tono y el ritmo de la voz según el *pathos* que quiere imprimir al enunciado que está proponiendo, su proxémica y los movimientos de su cuerpo se sintonizarán espontáneamente, así como su mímica facial y su sonrisa o seriedad. Esto representa un «reductor de complejidad» (Stafford, 1975) no solo desde un punto de vista evaluativo, sino, sobre todo, porque significa que el aprendizaje del lenguaje no verbal y paraverbal idóneo para crear el fenómeno de la hipnosis sin trance se puede simplificar. En el proceso formativo nos concentraremos, por tanto, en el aprendizaje hasta en los más mínimos detalles del uso de la mirada y de la voz, sin necesidad de hacer lo mismo con todos los factores no verbales y paraverbales. De hecho, con los años hemos conseguido incrementar el poder sugestivo de la comunicación terapéutica gracias a la elaboración cada vez más cuidadosa de las técnicas, con lo cual se ha mejorado al mismo tiempo la didáctica de la hipnoterapia sin trance.

El otro aspecto igual de relevante, estudiado y experimentado con el paso de los años a fin de mejorar la eficacia y eficiencia de la prestación terapéutica, es la elaboración de modalidades específicas de comunicación no verbal y paraverbal en las diferentes fases de un coloquio clínico.

En primer lugar, se dividió la interacción terapéutica en dos fases interdependientes y alternas: la escucha activa y la influencia activa.

Esta distinción no solo constituye una simplificación para la investigación, sino un instrumento terapéutico importante, porque las dos fases requieren modalidades comunicativas no verbales y paraverbales bien diferenciadas.

En la escucha activa, la mirada no ha de dirigirse directa y constantemente a los ojos, sino que ha de fluctuar en torno al rostro y el cuerpo del interlocutor, y el tono y ritmo de la voz en las expresiones breves, típicas de la fase de escucha, han de ser de tipo empático y participativo. Cuando el terapeuta hace preguntas, parafrasea o comenta las respuestas y, sobre todo, cuando prescribe, la mirada ha de ser directa y mantenida en el paciente durante todo el enunciado; el tono de voz ha de estar cargado de *pathos* y el ritmo ralentizado y acompasado, a fin de aumentar al máximo la influencia que se está ejerciendo.

La interacción terapéutica típica de la hipnoterapia sin trance, como resulta evidente, es una especie de alternancia entre el clínico y el paciente, en la que se suceden fases de escucha activa y fases de influencia, sin separar la parte diagnóstica y la parte terapéutica (Nardone y Salvini, 2004): el fluir sugestivo del conjunto hace que el diálogo sea a la vez investigación e intervención, potenciándolas a ambas.

También se prestó especial atención a la diferenciación entre el lenguaje no verbal y paraverbal en función de las características individuales del paciente y de la tipicidad de su patología, dos aspectos muy relevantes para calibrar la comunicación y que sea específica y ajustada. Existen modelos del primer aspecto tanto en las fuentes bibliográficas como en la práctica clínica; por ejemplo, la utilización del lenguaje del paciente, indicado por M. Erickson (1948, 1958), el *mirroring* de C. Rogers o el *tracing* de S. de Shazer, sin olvidar, por supuesto, el *transfert* psicoanalítico (Heimann, 1950).

En cuanto al segundo aspecto, en cambio, las aportaciones son realmente escasas, mientras que en nuestro trabajo de investigación-intervención las especificidades de las distintas patologías se consideran un factor muy relevante cuando se desea comunicar de manera sugestiva. Por ejemplo, hay una gran diferencia en la perceptividad y en la actitud entre un sujeto paranoico, caracterizado por la rigidez y desconfianza, y un sujeto fóbico, caracterizado por la dependencia y la búsqueda de contacto y protección. Lo mismo cabe decir si se compara el *pathos* de la comunicación de una anoréxica y la frialdad y el desapego de un obsesivo puro. Está claro que lo que el trastorno impone al sujeto, en cuanto a la forma de percibir y reaccionar en su relación con los demás y especialmente con el psicoterapeuta, también ha de considerarse como algo importante para calibrar sobre todo la comunicación no verbal y paraverbal, principal vehículo de las dinámicas emocionales, a fin de construir una relación terapéutica. En el próximo capítulo presentaremos ejemplos de maniobras y prescripciones específicas para las distintas formas de psicopatología, desarrolladas en nuestra investigación de cara al perfeccionamiento de la técnica de la hipnoterapia sin trance y que han permitido conseguir un claro incremento de la *compliance* y de la eficacia y eficiencia terapéuticas de nuestro enfoque (Nardone y Salvini, 2004; Nardone y Watzlawick, 2005; Nardone y Portelli, 2005, 2013; Nardone y Balbi, 2008; Nardone, 2016; Nardone y Valteroni, 2017).

3. Técnicas aparentemente mágicas

El lenguaje que usamos
para describir estos fenómenos los crea:
existen por el mero hecho
de ser representados como tales.

FRIEDRICH NIETZSCHE

En este capítulo pasaremos revista a las técnicas más validadas y utilizadas, las cuales ya se han aplicado con éxito en todo el mundo.

Para simplificar la exposición, las hemos dividido en prescripciones imperativas, reestructuraciones sugestivas, preguntas evocadoras, analogías perturbadoras, aforismos y máximas chocantes.

Como puede verse, la secuencia está en orden inverso al que se establece en una sesión terapéutica; esto es así porque reproduce la evolución de la elaboración de las técnicas tal como la hemos descrito en los capítulos anteriores. Además, forma parte de la metodología estratégica partir del punto de llegada para volver al de partida, cuando hay que elaborar una estrategia eficaz y eficiente.

Prescripciones imperativas

El contrarritual liberador

La primera —y todavía una de las más sorprendentes por su extraordinaria eficacia— prescripción terapéutica basada en la hipnosis sin trance es la que se elaboró en la primera experimentación clínica de 1985 a 1988 para el tratamiento del trastorno obsesivo-compulsivo. Al paciente con este tipo de trastorno, caracterizado por repetidos controles o lavados o ritos propiciatorios, ya al final de la primera sesión se le prescribe:

> Desde ahora y hasta que volvamos a vernos, cada vez que usted realice uno de sus ritos, si lo hace una vez deberá hacerlo cinco veces… ni una más, ni una menos… Puede no hacerlo, pero, si empieza, deberá repetirlo cinco veces… ni una más, ni una menos.

Esta prescripción ha de repetirse varias veces, manteniendo el contacto ocular con el paciente y utilizando una voz grave, acompasada y ralentizada. Como el lector puede apreciar si lo lee en voz alta, la estructura lingüística crea un fuerte efecto sugestivo tanto con respecto al significado, sorprendente porque es paradójico, como a la musicalidad de la verbalización. Es curioso observar cómo estos efectos se mantienen incluso en las traducciones a distintas lenguas, gracias al marcado carácter performativo del enunciado y a su repetición. Como ya se ha expuesto en los libros publicados sobre el trastorno obsesivo-compulsivo, el 88% de los pacientes tras esta prescripción reduce drásticamente o anula la repetición de los rituales. Si se mantiene durante las siguientes semanas, se llega a la extinción total del trastorno.

Las piruetas quitamiedos

La segunda prescripción muy sugestiva es la desarrollada en los mismos años para las personas que padecen agorafobia, esto es, miedo a alejarse de lugares o personas que les proporcionan seguridad. En este caso, tras haber aclarado bien el problema que hay que resolver, la prescripción es la siguiente:

> Ahora deberá hacer usted un importante experimento: levántese y diríjase a la puerta… Antes de abrirla, haga una pirueta como si fuera un bailarín…, luego ábrala…, salga y haga otra pirueta… Atraviese la sala de espera y, al llegar a la puerta de salida, haga otra pirueta antes de salir; en cuanto haya salido…, baje la escalera y haga una pirueta antes de salir y una vez haya salido… Ya en la calle, gire a la izquierda y camine haciendo una pirueta cada diez pasos hasta que encuentre una tienda de fruta y verdura, entre y compre solamente la manzana más grande, roja y madura que encuentre… Luego regrese haciendo de nuevo una pirueta cada diez pasos… y otra antes de entrar en cada puerta… ¡Yo lo espero aquí!

He impuesto esta prescripción a más de mil personas, que la han seguido pese a su aparente absurdidad, y han regresado con la manzana tras haber estado fuera solas más de quince minutos. Muchas de ellas no hicieron las piruetas en la calle por vergüenza, pero, en cualquier caso, cumplieron la tarea sugestiva y materializaron así la primera experiencia emocional correctiva para su patología. Tras esa primera experiencia chocante, se invita a la persona a realizar cada día la misma tarea: salir de casa para comprar un pequeño regalo para su psicoterapeuta.

Por lo general, los pacientes llegan entusiasmados a la siguiente sesión con los «regalitos» y afirman haber suprimido las piruetas al cabo de unos días porque sentían que ya no tenían necesidad de hacerlas.

A día de hoy se siguen utilizando variantes de esta técnica con los pacientes agorafóbicos, pero la sugestión de realizar una serie de actos rituales «quitamiedos» alcanzó sobre todo su máximo potencial en el tratamiento del miedo a volar que, normalmente, se desbloquea en una sola sesión (Nardone, 1998, 2003, 2016).

La peor fantasía

La tercera prescripción fundamental, que con los años se ha convertido en la *best practice* para el trastorno de los ataques de pánico debido a su capacidad para inducir al sujeto a «mirar de frente el miedo para transformarlo en valor», utiliza una fórmula que hace posible que este se enfrente de manera voluntaria precisamente a aquello que más teme. Por consiguiente, tanto su estructura lingüístico-verbal como su prescripción, en el plano no verbal y paraverbal, debían ser especialmente sugestivas y persuasivas. Pedirle a un fóbico que se sumerja en sus peores miedos es como pedirle a quien no sabe nadar que se arroje a unas aguas profundas y turbulentas; hay que ser muy persuasivo para inducir a hacerlo. Tras una laboriosa experimentación y una elaboración del tipo de comunicación más adecuado, se llegó al resultado deseado, publicado en 1993 en su formulación completa.

Desde ahora hasta que volvamos a vernos, deberá dedicar un tiempo a realizar una tarea de importancia decisiva para la solución de su problema: después de comer debe retirarse a una habitación donde pueda estar solo… Prepare un despertador para que suene al cabo de media hora… Póngase cómodo…, reduzca la luz…, cierre los ojos y sumérjase en sus peores miedos… Imagine todas las situaciones más espantosas…, sumérjase en su abismo más terrorífico…, déjese llevar por cuanto le venga en gana… Si tiene ganas de gritar, grite… Si tiene ganas de llorar, llore… Si tiene ganas de maldecir, maldiga… hasta que suene el reloj… ¡Pare! Se acabó… Vaya a lavarse la cara y retome su vida normal… Pero, se lo ruego, tanto si está mal como si no, trate de evocar y experimentar al máximo sus miedos, imaginando lo peor de sus peores pesadillas… Cuando suene el reloj… ¡Pare! Se acabó todo… Vaya a lavarse la cara y retome su vida normal.

Por lo general, el paciente se queda atónito y sorprendido, pero pocas veces se opone y, si lo hace, suele ser porque el terapeuta no ha realizado la prescripción como se requiere para ser aceptada. La comunidad de quienes se ocupan del pánico (Wilson, 2009) sabe bien que esta técnica produce en el que padece el pánico la experiencia emocional paradójica de descubrir que cuanto más trata de evocar voluntariamente sus miedos, más se reducen estos. Después de esta experiencia, se enseña al sujeto a utilizar la «peor fantasía» para afrontar gradualmente todas las situaciones que hasta ese momento haya evitado, hasta llegar a recuperar completamente su autonomía personal y construir una sólida autoestima.

La búsqueda de la prueba contradictoria

Una prescripción elaborada más recientemente (Nardone, 2008) es la creada para algunos trastornos psíquicos más severos: las manías persecutorias y la paranoia persecutoria. En este caso, se trata de pacientes que solo ven a su alrededor enemigos o personas que los desprecian y rechazan o, en los casos menos severos, que los descalifican continuamente. Para hacer cambiar a estas personas, que sufren terriblemente por su errónea percepción de los demás y de su actitud y conducta hacia ellas, se elaboró una técnica que, aparentemente, apoya su visión patológica, pero que cuando se aplica produce su desmantelamiento.

Como de costumbre, al final de la sesión se hace la prescripción; en este caso, está construida como una argumentación, cosa que no solo la hace aceptable, sino un instrumento importante para defenderse de los demás:

> De lo que hemos hablado hasta ahora se desprende claramente que usted es como un soldado que atraviesa un campo minado: tiene que vigilar dónde pone los pies... Esto es muy estresante y se comprende su estado de sufrimiento. Ya sabe que cuando se está en guerra o ante un ataque inminente lo más importante es conocer al enemigo para poder anticipar sus movimientos y golpearlo en sus puntos débiles... Si, para defenderse, usted sigue aislándose a fin de evitar el contacto con sus enemigos, les concede una enorme ventaja estratégica... Por tanto, si desea ganar esta guerra debe estudiar a sus enemigos declarados y a los que aún están en la sombra

pero que en cualquier momento podrían manifestarse contra usted… Así pues, todos los días, durante una hora al menos, deberá ir a los lugares donde puede encontrar al enemigo ya conocido y al que podría llegar a serlo y estudiar atentamente sus características y movimientos, registrando todos los signos que indican claramente que está contra usted. Porque uno de los peores errores estratégicos es tomar por enemigo al que no lo es y no ver al que lo es en realidad: de este modo, se acaba exponiendo el flanco justamente al que va a golpearnos… Así que todos los días vaya a dar un paseo, acuda a los lugares más concurridos y allí donde pueda encontrar a personas que considera peligrosas, y obsérvelas detenidamente buscando, a través de sus actitudes y comportamientos, las pruebas de que son amenazas para usted… La próxima vez hablaremos de ello y elaboraremos las estrategias más adecuadas contra estos enemigos.

Por lo general, incluso la persona más torturada por las manías persecutorias acepta de buen grado la indicación, porque la siente como el apoyo de un aliado; el primer resultado evidente es que prescindirá de su actitud defensiva. Pero el principal efecto de esta prescripción es que cuanto más busca la persona los signos de amenaza, rechazo y desprecio, más encuentra lo contrario: aquellos que ignoran cuál es el objeto de la atención que se les dispensa se sienten considerados y, en la mayoría de los casos, reaccionan correspondiendo con deferencia y amabilidad. Esto es lo que se entiende por «confirmación contradictoria de las paranoias», un «efecto descubrimiento» por el que, buscando una cosa, se revela otra que, en este caso, se convierte en la primera experiencia emocional correctiva terapéutica.

Armonizar mente y corazón

Otra prescripción terapéutica más reciente, fruto de la constante evolución y puesta a punto de las técnicas terapéuticas en correspondencia con la evolución de las psicopatologías, es la formulada para quienes padecen patofobia, un trastorno que a menudo se confunde con la hipocondría, pero que difiere de esta porque se centra en una fobia específica, que se concreta en las patologías que pueden conducir a una muerte repentina (infarto, colapso, ictus, aneurisma...). Es decir, no se trata de una fobia generalizada dirigida a cualquier señal preocupante del cuerpo, como en el caso de la hipocondría, sino solo a síntomas relacionados con la fijación fóbica específica. La forma más frecuente de patofobia es la que se focaliza en el corazón, del que se temen las más mínimas alteraciones (Bartoletti y Nardone, 2018).

En este caso, la prescripción formalizada es la siguiente:

> Bien… ¡Debemos conciliar su mente y su corazón! Intente, aquí conmigo, medir las pulsaciones controlando el pulso con el dedo índice… Bien… Tomaremos las pulsaciones durante un minuto [esperan 60 segundos]. ¿Cuántas pulsaciones tiene? [el paciente responde]. Bien… ahora esperaremos un minuto y volveremos a medirlas… Repetimos [nuevo control]. Y ahora ¿qué tal? [en general, las pulsaciones disminuyen]. Bien… bien… Su mente y su corazón empiezan a ponerse de acuerdo… Vamos a repetirlo por tercera vez [tercera toma, que por lo general estabiliza o sigue reduciendo las pulsaciones]. ¿Qué efecto siente? [normalmente este breve ejercicio se percibe como el descubrimiento de algo tranquilizador respecto de la percepción antes amenazadora del latido cardíaco]. Muy bien… Desde

ahora hasta que volvamos a vernos, a las horas en punto del día, a las 8, las 9, las 10, las 11 y así sucesivamente, deberá realizar lo que acabamos de hacer, tomando nota de cada lectura del pulso. Tres mediciones de un minuto, separadas por una pausa de un minuto… ¡Haremos que la mente y el corazón estén en armonía!

Normalmente, el efecto de esta consigna es que el paciente vuelve con sus lecturas sistemáticas, que muestran un corazón muy regular y, por tanto, son muy tranquilizadoras; y no solo eso, también se da cuenta de que anotarlas sistemáticamente produce ese efecto. Tras ese cambio emocional correctivo, será suficiente mantener el ejercicio, ampliando de modo progresivo el tiempo entre una medición y la siguiente; en unos tres meses, más o menos, en la mayoría de los casos la patofobia se extingue totalmente. «Corazón y mente se han armonizado».

Reestructuraciones sugestivas

Una de las características de un diálogo sugestivo es que hace que el interlocutor adopte perspectivas que no suele utilizar al examinar los temas del discurso, es decir, hace que esté en condiciones de experimentar descubrimientos sorprendentes. Para conseguirlo, debe liberarse de sus frecuentes y rígidas posiciones interpretativas, así como de sus actitudes mentales redundantes. La técnica de la reestructuración (Watzlawick *et al.,* 1974; Nardone y Watzlawick, 1990), con sus múltiples variantes, es desde antaño la mejor maniobra comunicativa para lograr este objetivo. Veamos ahora algunas reestructuraciones formalizadas que se han ido elaborando para aplicarlas a situaciones clínicas concretas. Como en el caso de las prescripciones, se trata de «guiones» estratégicamente orientados a obtener resultados específicos, correspondientes a las distintas formas de trastorno; la formulación lingüística refuerza su efecto sugestivo y su potencial de cambio.

La pequeña suciedad protege de la gran suciedad

Esta compleja reestructuración fue elaborada a comienzos de la década de 1990 para afrontar casos de trastorno obsesivo-compulsivo de limpieza preventiva especialmente resistentes al cambio:

> Así que usted ha limpiado toda la casa convirtiéndola en el templo de la limpieza, se ha limpiado a usted misma, hasta esterilizarse del todo y pretende que sus familiares hagan lo mismo… Y ahí surgen los problemas…, ¡porque ha de defender la limpieza realizada! Y esto es lo que le produce terror: la posibilidad de una intrusión de la suciedad en su gran limpieza…, es decir, que la gran limpieza realizada provoca el miedo a la gran suciedad que la destruirá… La gran limpieza crea la gran suciedad que la aterroriza… Por consiguiente, cuanto más gran limpieza crea, más crea también la gran suciedad… Si quiere reducir su fobia invalidante hasta eliminarla, debería contemplar la idea de que el mejor modo de defenderse de la gran suciedad es consentir una pequeña suciedad que proteja de la gran limpieza que crea la gran suciedad… Si usted creara una pequeña suciedad, limpiándolo todo pero dejando una pequeña parte de su casa que no esté perfectamente limpia…, si se limpiase a sí misma pero dejando, por ejemplo, un dedo que no quede

perfectamente limpio según su criterio…, gracias a esta pequeña suciedad se evitaría crear la idea de la gran limpieza que crea la idea de la gran suciedad…

Esta sorprendente y sugerente reestructuración debe repetirse de manera redundante, como una auténtica fórmula hipnótica, hasta que la persona con trastorno obsesivo-compulsivo acepte la idea de crear la «pequeña suciedad» diaria que proteja de la fobia de la gran suciedad. Lo que parecía imposible se convierte en posible. Pero si la persona aplica el efecto de la reestructuración, la pequeña suciedad representa la «violación terapéutica» del dogma de la limpieza obsesivo-compulsiva, el virus del cambio. Virus porque el cambio se expande de manera geométrica exponencial y crea el efecto avalancha; la bola de nieve lanzada por la pendiente nevada al rodar se va haciendo cada vez más grande y se transforma en una avalancha imparable.

El mismo tipo de reestructuración se aplica también con gran eficacia a la obsesión compulsiva del control y del orden, en la que en lugar de la suciedad, el objetivo de la maniobra elaborada será la pequeña «falta de control» que protege de la fobia del no control total, o el «pequeño desorden» que protege del fóbico «gran orden». En este último caso se utiliza también la imagen analógica de la entropía, la lenta evolución natural de las cosas, gracias a la rotura de un equilibrio que evoluciona a otro de tipo superior: el pequeño desorden permite crear un orden superior.

El miedo al ayuno

Una segunda reestructuración «histórica», convertida en *best practice* en el tratamiento del *binge eating* (trastorno por atracón) (Castelnuovo *et al.,* 2011; Pietrabissa *et al.,* 2014; Jackson *et al.,* 2018), es aquella mediante la cual la tendencia a reducir la comida por miedo a perder el control y acabar dándose un atracón, típica de este cuadro clínico, se transforma en el miedo a la restricción alimentaria y, de este modo, se subvierte totalmente la rigidez del trastorno para orientarla hacia su extinción.

Normalmente, a estos pacientes se les propone esto:

Usted, como todos sus «colegas» de trastorno, piensa que para limitar sus colosales atracones debe controlar rígidamente a la baja, hasta llegar casi al ayuno, lo que se permite comer… Pero, en realidad, lo que produce el atracón es el ayuno y las restricciones que, si se llevan al extremo, aumentan el deseo de la comida que nos hemos limitado, hasta que ese ímpetu se vuelve imparable y acabamos atiborrándonos de aquello a lo que habíamos renunciado… Cada prohibición incrementa el deseo de aquello que se impide… Es lógico pensar que son los atracones los que provocan el posterior y necesario ayuno. Pero en realidad el mecanismo funciona al revés…, es el ayuno el que construye el atracón… Se restringe, se ayuna y de este modo aumenta el deseo, que se vuelve cada vez más acuciante, de alimentos deseados y no permitidos, hasta que se pierde el control y se acaba con un solemne atracón… Si usted quiere reducir los atracones y recuperar el control sobre la comida, debe temer el ayuno y la restricción de la comida, porque esto es lo que conduce inexorablemente a la pérdida de control y a los atracones. Cuanto más se restringe, más fácil es acabar arrastrado por el deseo frustrado…, como le está sucediendo… Es el ayuno el que crea el atracón y no el atracón el que crea el ayuno.

También en este caso la reestructuración se vuelve a proponer de manera redundante durante la sesión y se deja como tema sobre el que reflexionar hasta la siguiente sesión. Como el lector comprenderá muy bien, se trata de una manera sutil de inducir un cambio sin pedirlo directamente, de introducir en la mente del sujeto una nueva —para él— inequívoca visión del funcionamiento de su problema, creando a la vez aversión a lo que hasta entonces ha intentado hacer para combatirlo. Resumiendo, es como «hacer subir al enemigo al desván y luego quitar la escalera».

El miedo a la ayuda recibida

Una de las primeras reestructuraciones terapéuticas, formulada hace decenios y que sigue siendo un componente fundamental del protocolo de tratamiento del trastorno de ataques de pánico y de la dependencia patológica, es la que se utiliza con esta clase de pacientes al acabar la primera sesión.

> Según me ha explicado, usted pide constantemente seguridad y ayuda para no ser presa del pánico o, cuando el miedo le invade, para no dejarse arrastrar totalmente por él… Se trata de una tendencia natural protectora, pero, desgraciadamente, usted debe saber que, en el caso del miedo, pedir ayuda y recibirla no solo no lo reduce, sino que lo incrementa tremendamente… Mire, parece un poco retorcido, pero cuando usted pide protección…, en ese momento se siente a salvo y seguro, pero después —y estoy seguro de que sabe lo que estoy diciendo— se siente de nuevo incapaz y cada vez más frágil, cada vez más rehén de su miedo…

¡Nadie puede solucionar nuestro miedo por nosotros! Pedir ayuda y recibirla…, si bien de momento nos tranquiliza, luego, al confirmar nuestra incapacidad, hace que el miedo aumente porque cada vez confiamos menos en nuestros recursos personales… Cada vez que pide ayuda, por tanto, hace que su situación empeore… Aumenta la desconfianza en sí mismo… y, de este modo, su miedo se incrementará cada vez más… En cualquier caso, que quede bien claro, no le estoy pidiendo que deje de hacerlo… No es capaz… Pero piénselo… Cada vez que pide y recibe ayuda hace que su situación empeore… El miedo aumenta en vez de disminuir…, pero, como le he dicho, ¡usted no es capaz de dejar de hacerlo! Piénselo…

Esta ingeniosa y aparentemente razonable argumentación es en realidad una manera de crear un miedo más grande que se oponga al presente, inhibiendo su poder. Además, la afirmación «¡usted no es capaz!» es una provocación paradójica, cuyo objetivo es producir la reacción contraria en el paciente, como ocurre en la mayoría de los casos. Por lo general, los pacientes aseguran que han probado no pedir ayuda y han descubierto que son capaces de hacerlo. No solo eso, sino que, al prescindir del guion que los limitaba, se habían atrevido a hacer cosas que antes evitaban y habían descubierto que eran capaces de hacerlas. El límite de un miedo es un miedo más grande.

La rabia contra la rabia

Otro ejemplo de reestructuración formalizada y reproducible es la elaborada para las personas que son incapaces de gestionar los accesos de rabia, los modernos «Orlando furioso», que están, literalmente, ofuscados por la rabia y que con su comportamiento agresivo e irracional acaban por estar siempre equivocados, incluso cuando tendrían toda la razón. Tras haber escuchado atentamente el relato de las explosiones de rabia, se argumenta lo siguiente:

Seguramente, la mayoría de las veces tiene usted todos los motivos para irritarse o sentirse ofendido. Pero como Orlando, que con razón estaba furioso y, ofuscado por la rabia, alza su *Durlindana* y destruye todo lo que encuentra a su paso para desahogar su justificada furia, hasta perder por completo la razón…, cada vez que hace esto pasa de la razón a la equivocación y a la culpa por haber actuado con una agresividad irracional… ¡Sé que al decir esto provoco su ira! Pero esta es la terapéutica que he de evocar en usted… Piense en cuánto disfrutan las personas que lo han perjudicado al ver cómo se hace daño a sí mismo y acaba asumiendo la condición de culpable con sus reacciones incontroladas… Les está haciendo un gran regalo… Se inmola por ellos con sus explosiones de ira… Pocas cosas hay que satisfagan más a un enemigo que ver cómo cedemos a sus provocaciones perdiendo los estribos… En cambio, si lo miramos a los ojos y le decimos con una sonrisa irónica: «¡Gracias! Así me ayudas a ser mejor… Más capaz de resistir las provocaciones…», le devolvemos el veneno que nos ha lanzado. Como enseña el antiguo arte de la estratagema, hay que «¡matar a la serpiente con su propio veneno!». La rabia es un veneno que bebemos a diario, que nos intoxica y no nos permite experimentar ni siquiera las cosas bellas de las que podríamos disfrutar… Debemos estar enfadados para ofrecer este don a quien nos provoca, nos ofende o nos trata mal…, incluso a quien nos traiciona… La rabia es un gran recurso si aprendemos a orientarla en la dirección correcta… Imagine el placer de ver la expresión sorprendida y abatida de quien nos detesta y nos odia, al que le decimos sonriendo: «¡Gracias por lo que haces! ¡Me haces ser mejor!». Matar a la serpiente con su propio veneno.

Por lo general, incluso el paciente más airado se convence, cambia de actitud y aprende poco a poco a gestionar las reacciones de ira. Lo curioso es que a menudo, cuando se cambia la actitud hacia los demás, las provocaciones, los daños y las ofensas de los que somos víctimas se reducen drásticamente. Por otra parte, como decía Gandhi: «Sé tú el cambio que querrías ver en el mundo».

La prostitución relacional

Una reestructuración muy utilizada es la que tiene como objeto cambiar actitudes y conductas relacionales que consisten en pretender congraciarse siempre con los demás. Esta necesidad de confirmación se basa la mayoría de las veces en una profunda inseguridad respecto de la propia deseabilidad, inseguridad que induce a buscar constantemente la confirmación de los otros, a evitar disputas y conflictos y a seguirles la corriente lo máximo posible. Cuando, en el primer encuentro con el paciente, surge claramente este guion relacional, se reestructura ese modelo de interacción disfuncional de la siguiente manera:

> Lo que usted me ha expuesto con tanta claridad pone de manifiesto que parece incapaz de activar y sostener discusiones y que trata de complacer siempre a las personas que tiene a su alrededor para no provocar su rechazo…

Podría decirse, de manera provocadora, que usted practica una prostitución relacional. Para complacer..., para no ser rechazado, siempre le da la razón al otro... Se pone siempre de su parte... La prostitución relacional, tal como la entiendo, es un guion cuyo objetivo consiste en defenderse del terror a no ser suficientemente considerados... E, incluso, de la certeza de no poder agradar lo suficiente... si no es logrando sentirse aliados seguros y cómplices del otro... Todo esto, reiterado en el tiempo, se convierte en algo espontáneo..., ya no voluntario o forzado..., hasta el punto de parecer un rasgo de carácter cuando en realidad es un aprendizaje que se ha convertido en adquisición... Uno no nace prostituto relacional... sino que acaba siéndolo por la necesidad de defenderse del rechazo que de otro modo parece inevitable...

Si la persona asiente y, como suele ocurrir, se queda deslumbrada por esta redefinición de su ser en relación con los demás, se continúa hablando:

Pero quisiera que considerase el hecho de que se trata de una trampa existencial mortal, porque lo que usted consigue a través de su prostitución relacional, y el placer de recibir confirmación de esto, lo consigue por lo que usted hace, ¡no por lo que usted es! Usted se ha convencido, si es que no lo ha experimentado ya, de que si dejara de prostituirse relacionalmente y se mostrara tal cual es en realidad... las personas, acostumbradas a verlo en su guion, lo rechazarían... o simplemente se molestarían... Todo esto corresponde a una especie de creencia que se ha construido: si no quiero ser rechazado y si quiero seguir recibiendo confirmación de mi deseabilidad, he de seguir prostituyéndome relacional-

mente y no mostrar nunca lo que sé que soy en realidad…
¡Y de este modo está desesperadamente solo! Condenado
a recitar un guion que le confirma trágicamente que no
puede gustar a los demás si no es prostituyéndose… Lo
que hace y ha hecho para no estar solo le hace estar desesperadamente solo…

Tras esta reestructuración fuertemente evocadora de dolor,
hasta el más convencido de no ser deseado decide cambiar
y correr el riesgo de gustar por lo que es y no por lo que
hace. De este modo, se le podrá guiar al cambio de los esquemas relacionales y a descubrir que es mucho más difícil
no gustar en absoluto que gustar al menos lo suficiente.

Preguntas performativas

Formular preguntas que puedan orientar al interlocutor
hacia aperturas mentales, que de otro modo le resultaría
difícil lograr, es un arte antiguo, parte fundamental de
la retórica de la persuasión. Según el historiador griego
Diógenes Laercio, fue el sofista Protágoras el que elaboró
un método, el diálogo heurístico, consistente en formular
al interlocutor una serie de preguntas y a medida que este
respondía iba progresivamente cambiando de perspectiva
y opinión, y llegaba a conclusiones que le parecían descubrimientos personales y no el efecto de las preguntas
que le habían sido hábil y estratégicamente formuladas.

Tanto en el trabajo del médico como, más aún, en el
del psicoterapeuta el arte de formular preguntas es una de
las prerrogativas esenciales del buen clínico; Camillo Loriedo (1979; 2009) ha clasificado una serie de tipos, que

representan perfectamente las distintas modalidades de uso de las preguntas en psicoterapia. Las que son sugestivas y estratégicas constituyen una categoría en sí mismas, porque no se trata solo de preguntas exploratorias o diagnósticas, sino de una forma precisa de intervención. Por este motivo han de ser preguntas performativas, en el sentido de que deben evocar emociones capaces de cambiar las percepciones del paciente y permitir indagar, al tiempo que se introduce el cambio deseado. Quizás el ejemplo más llamativo sea el de la secuencia de preguntas que se proponen a la adolescente anoréxica para inducir en ella la apertura a las sensaciones agradables asociadas al consumo de algunos alimentos deseados, pero prohibidos para ella.

Evocar el placer prohibido

> Si, por arte de magia, pudieses comer lo que más deseas sin el mínimo riesgo de engordar, ¿qué es lo primero que comerías? ¿Qué es lo que más te gustaría comer si estuvieses segura de que permitiéndotelo no aumentarías de peso…?

La pregunta crea un contexto imaginario en el que la fuerte resistencia a concederse el placer de comer los alimentos más deseados, típica de las anoréxicas, queda anulada. Gracias a esto, las chicas suelen responder y abrirse. Mientras lo hacen, las manifestaciones del sentido del placer que nace al imaginar que comen el alimento tan deseado son de tipo no verbal: las pupilas se dilatan, la postura se relaja y la voz muestra cierta excitación.

Al recibir la respuesta se formula inmediatamente otra pregunta evocadora. Por ejemplo, si la paciente dice:

«¡Pizza!», el terapeuta replica: «¿Cómo te gusta más, fina y crujiente o gruesa y blanda?», creando así una mayor identificación. Ella afirma: «¡Fina y crujiente!», y el terapeuta añade entonces: «¿Con mucho tomate y *mozzarella,* o más bien blanca y alta como una *focaccia*?». E insiste, tras la respuesta: «¿Te gusta más comerla doblada o de un modo más elegante, con cuchillo y tenedor?».

Como el lector puede comprender, la secuencia de preguntas hace que la chica pase de un contexto inicial imaginario a una situación de sensaciones placenteras cada vez más concretas, evocadas por las preguntas, que crean una identificación cada vez más intensa. Por lo general, gracias a esto se abre, sin necesidad de forzarlo, el cofre de la oposición al placer de la comida típico de la anorexia, y se da así el primer y más importante paso para su terapia (Nardone y Valteroni, 2017).

En la hipnoterapia sin trance las preguntas nunca son neutras y puramente inquisitivas, sino que son performativas; en vez de conocer para cambiar, se conoce cambiando. Esto ocurre de forma gradual mediante una secuencia de preguntas primero discriminantes, luego orientadoras y, finalmente, con ilusión de alternativa, que sirven para inducir cambios inevitables porque, como hemos visto a propósito de Protágoras, el paciente ha llegado a través de sus propias respuestas a cambiar la perspectiva y, con esta, a cambiar el propio sentir y, por tanto, la forma de actuar. Esta es la estructura de la técnica evolucionada del diálogo estratégico (Nardone y Salvini, 2004).

En las dos últimas décadas se han elaborado secuencias de preguntas de este tipo para la mayoría de las psicopatologías, formalizando diálogos estratégicos específicos que se ajustan a las características y prerrogativas de los diferentes trastornos y de sus variantes más frecuentes (Nardone y Balbi, 2008). En otras palabras, se ha pasado de una pura forma de «arte de hacer preguntas» a una perfeccionada tecnología reproducible, aunque siempre ha de estar sabiamente adaptada a las características individuales.

La pregunta del milagro

El que ha hecho del preguntar la principal intervención de su modelo de terapia es, sin duda, Steve de Shazer. Alumno de John Weakland, formuló la terapia breve orientada a la solución (De Shazer, 1982a), cuya técnica más avanzada es una pregunta especialmente sugestiva, llamada no por casualidad *Miracle question:*

> Si tú mañana te despertases y por la noche hubiera ocurrido un milagro por el que tus problemas se hubieran resuelto totalmente, ¿qué notarías? ¿Qué cosas diferentes harías que te demostraran que ha ocurrido el milagro? ¿Qué diferencias introducirías en la organización de tu jornada?

Toda la atención del sujeto se ha desplazado a un futuro imaginario milagrosamente libre de sus acuciantes problemas. Se trata, sin duda, de una pregunta performativa, hasta el punto de que en la mayoría de los casos de pacientes con patologías no invalidantes da lugar el desencadenamiento de un proceso, por el que se toman cosas de un futuro imaginado para llevarlas al presente, y producen efectos significativos de mejora de la situación y del sentir de la persona. Hay numerosas variantes de esta técnica elaboradas por otros autores (Nardone y Balbi, 2008) o por alumnos de De Shazer; él mismo la elaboró inspirándose en ejemplos proporcionados por Weakland y Erickson. En cualquier caso, todas las variantes se basan en el efecto performativo de crear, a través de la imaginación, un escenario futuro más allá del problema, con el que las personas se identificarán, para luego llevar al presente problemático las acciones imaginadas para ese futuro sin problemas. Se introducen, por así decir, las semillas de la solución que después germinarán sobre la base de los cambios introducidos.

Paul Watzlawick, en cambio, utilizaba la misma pregunta para inducir a imaginar los posibles nuevos problemas que se presentarían una vez que los presentes hubieran sido milagrosamente resueltos. Su objetivo era poner de manifiesto el papel y la utilidad de los trastornos comentados por el paciente en relación con su contexto interaccional como base de la resistencia al cambio, típica de las psicopatologías más severas. La técnica se utilizaba en condiciones clínicas muy diversas y en patologías más invalidantes, en cuyo tratamiento sacar a la luz las raíces de la resistencia al cambio como una utilidad sistémica constituye una poderosa maniobra terapéutica (Watzlawick y Fish, 1974).

En mi trabajo personal, la pregunta del milagro se ha transformado en una más inmediata «fantasía mágica»:

Imagine que usted, al salir de mi consulta, por arte de magia se siente completamente libre de su problema y de sus sufrimientos. ¿Qué cosa diferente haría de inmediato? ¿En qué actuaría de manera distinta? Todos los días, por la mañana, pregúntese: «¿Qué haría hoy diferente *como si* mi trastorno hubiese desaparecido por arte de magia?». Entre todas las cosas que se le ocurrirán que puede hacer de otra manera elija la más nimia, la más insignificante, y póngala en práctica… Todos los días una, la más pequeña… la cosa más insignificante que haría *como si* por arte de magia sus problemas hubiesen desaparecido.

La pregunta de la «fantasía mágica» se transforma así en una prescripción directa, pero sugerente, que funciona como una profecía que se autodetermina.

En un contexto no clínico, como la ciencia de la *performance,* esta pregunta se transforma en:

¿Cuál sería el escenario una vez alcanzado el objetivo deseado? ¿Cuál sería la realidad futura una vez que hubiésemos resuelto todos los problemas del presente?

Esta formulación, adaptada al contexto empresarial, deportivo o artístico, parece decididamente más racional, pero en realidad su efecto performativo no cambia, porque en cualquier caso desplaza la atención del presente problemático al futuro deseado: la sugestión se mantiene, pero se adapta, lingüística y lógicamente, al contexto no clínico.

La forma que damos a los predicados lingüísticos y lógicos es uno de los principales instrumentos para adaptar la técnica a los distintos contextos y a las distintas situaciones personales: las cosas parecen diferentes, pero los efectos siguen siendo los mismos.

¿Cómo empeorar?

Entre las preguntas performativas sin duda no podía faltar la que, junto con la pregunta del «escenario más allá del problema», es parte fundamental y «marca de fábrica» del *problem solving* estratégico (Nardone y Watzlawick, 1990; Nardone, 2009) la que se basa en la lógica de la paradoja:

> ¿Cómo podría... si quisiese... voluntariamente... empeorar
> su situación?

El objetivo, en este caso, es orientar el pensamiento del interlocutor hacia lo que puede hacer no para mejorar, sino para empeorar.

> ¿Qué debería hacer voluntariamente... o decidir no hacer
> voluntariamente... qué debería decidir pensar... y qué no
> pensar voluntariamente?
>   Es solo una pregunta teórica, no debe hacer nada, solo
> pensar en ella, discutiremos juntos sus opiniones...

La pregunta se formula de forma redundante tanto en el significado como en el significante, como sostendrían los lingüistas (Martinet, 1960; Jakobson, 1963), es decir, tanto en la forma como en el contenido. El objetivo es situar la mente del paciente en la perspectiva de prever y anticipar todo lo que haría que su condición empeorase.

Aparentemente se trata de una indicación racional aunque extravagante, pero en realidad el objetivo es activar respuestas emocionales que rechacen las modalidades de actuación y de pensamiento disfuncionales, crear un miedo terapéutico que bloquee los intentos que «con las mejores intenciones producen los peores efectos» (Wilde, 2005). La pregunta representa una modalidad altamente performativa, porque no solo hace «entender», sino, sobre todo, «sentir» lo que es peligroso, y de este modo desencadena las reacciones naturalmente protectoras de nuestro paleoencéfalo.

Ya en la década de 1960, Paul Watzlawick y John Weakland habían formulado una pregunta terapéutica del mismo tipo (Watzlawick *et al.*, 1974; Watzlawick y Weakland, 1977); la actual es una formulación más ingeniosa que, desde el punto de vista de la persuasión, resalta su performatividad dirigida al cambio terapéutico, hasta el punto de ser utilizada como técnica fundamental en las terapias de sesión única (Cannistrà y Piccirilli, 2018; Talmon, 1990). Además, dado su gran potencial para poner de manifiesto las estrategias desastrosas que hay que interrumpir y para crear inmediatas respuestas hostiles, es una de las técnicas elegidas a la hora de trabajar los bloqueos del rendimiento y los problemas de gestión empresarial.

Ilusiones de alternativas

En el antiguo arte de la persuasión las preguntas con ilusión de alternativa de respuesta eran ya una llave bien conocida para abrir incluso los cofres más sellados. Alejandro Magno había aprendido de sus maestros de retórica este sutil arte de formular preguntas performativas. De hecho, Alejandro, en su epopeya de conquistas, «venció sin combatir» (Nardone, 2003) en la mayoría de los conflictos utilizando la retórica de la persuasión. Cuando llegaba cerca de un reino que deseaba anexionar a su imperio, proponía al gobernante la siguiente pregunta: «¿qué prefieres: anexionar tu reino al imperio de Alejandro y de este modo permanecer en tu trono pero como sátrapa de la región, sin cambiar nada, o que arrase tu palacio y todo tu reino, mate a soldados, hombres, mujeres y niños y que no quede nada de tu existencia en la memoria de tu pueblo? Obviamente, la gran mayoría de los gobernantes se unió al imperio. Milton Erickson prescribía a los padres de hijos rebeldes que les propusieran preguntas como la que él mismo había hecho a su hijo, que no quería tomar la leche caliente por la mañana: «¿qué prefieres, tomar ahora la taza de leche o tomar dos dentro de quince minutos?». En la misma línea de este técnica, y remitiéndose al trabajo del gran hipnotizador, Jay Haley (1984) elaboró la idea de la ordalía como prescripción terapéutica: a la persona torturada por un insomnio pertinaz se le prescribía levantarse de la cama y, si en unos veinte minutos no conseguía dormirse, ponerse a limpiar y a ordenar la casa hasta que, agotado, tuviese ganas de volver a la cama. Todo esto debía repetirse si no conseguía dormir. La mayoría de las veces la mera idea de esta tortura nocturna hace dormir para evitarla.

En nuestras formulaciones de preguntas con ilusión de alternativa se ha procurado hacer más evocadores los escenarios propuestos, utilizando tanto el lenguaje descriptivo como el analógico. Por ejemplo, ante las resistencias de la joven anoréxica, se propone lo siguiente:

> ¿Qué prefieres, aumentar de peso muy gradualmente, no más de medio kilo a la semana, y no percibir cambios enormes en tu cuerpo… o someterte a la alimentación forzosa y aumentar rápidamente de peso, tres o cuatro kilos por semana?… Mira, te ponen una sonda en la nariz y te hinchan como un globo… Teniendo en cuenta que no podemos dejarte con este bajo peso peligroso… ¿qué eliges, aumentar ligeramente o hincharte como un globo? ¿Prefieres tener tú el control del aumento de tu peso, acordándolo todo conmigo, o prefieres que te obliguen a hincharte como un globo en pocos días?

Hasta al menos experto en trastornos alimentarios le resulta evidente que, ante esta alternativa, la gran mayoría de las jóvenes anoréxicas elige la primera opción. Es importante aclarar que esto no se produce, como podría parecer, como resultado de un cálculo lógico-racional, sino por el miedo, fuertemente evocado, de engordar rápidamente. Se utiliza la fuerza del trastorno contra la resistencia al cambio, produciendo así los efectos terapéuticos deseados.

La aparente «magia» de esta técnica de comunicación persuasiva reside justamente en que activa las emociones más arcaicas, como el miedo, contra la opción más espantosa de las dos propuestas.

Paráfrasis iluminadoras

Parafrasear es otra antigua técnica de la retórica de la persuasión. En la moderna psicoterapia, el primer gran autor que propuso y validó empíricamente esta técnica fue Carl Rogers, que, en la época en que imperaba el dogma analítico, por una parte, y el presunto rigor científico del conductismo, por la otra, propuso un método para crear una relación terapeuta-paciente cargada de «empatía», que en su opinión era la base de una relación de ayuda. Para ello elaboró la técnica del *Mirroring*, consistente en reflejar las afirmaciones del paciente de una forma acogedora y nunca crítica, para hacer que se sintiera totalmente comprendido y crear un efecto de compasión —experimentar las mismas sensaciones— existencial. El límite del método de Rogers está en limitarse precisamente a la empatía, porque esta, una vez creada, abre posibilidades de indicaciones directas o sugerencias indirectas, pero si solo queda el contacto profundo es muy poco terapéutica (Nardone y Salvini, 2013). No es casual que el trabajo de Rogers sea la base del

Counseling, esto es, «la ayuda psicológica» no estrictamente terapéutica, sino sobre todo de apoyo.

Más o menos por la misma época Milton Erickson desarrollaba sus técnicas de comunicación hipnótica basadas no en la directividad de las tradicionales inducciones de trance, sino en la asunción del lenguaje del paciente. Es decir, Erickson utilizaba los marcos lingüísticos propios del sujeto para parafrasear y reestructurar sugestivamente sus afirmaciones. En su libro *La estructura de la magia* (1998), Bandler y Grinder analizan precisamente desde el punto de vista lingüístico esta parte del trabajo de Erickson y lo convierten en la base aplicativa de la Programación neurolingüística, propuesta por ellos como modelo para el desarrollo de aprendizajes superiores. El grupo de Palo Alto transforma la paráfrasis en la técnica de la reestructuración (Watzlawick *et al.,* 1974), propuesta como maniobra terapéutica más eficaz, que, igualmente, parte del lenguaje y de las opiniones del paciente para luego cambiar los marcos perceptivos.

El autor que elabora la paráfrasis como componente esencial de su modelo de psicoterapia es Steve de Shazer (1982, 1985, 1988, 1991, 1994; De Shazer *et al.,* 2007), con el que he tenido el placer y el honor de mantener largos encuentros y charlas filosóficas. Con los años ha desarrollado una tipología cada vez más elaborada, pero en realidad sencilla, de terapia breve llamada *Solution oriented,* en la que la paráfrasis de las respuestas del paciente a preguntas sugerentes como la *miracle question,* la búsqueda de las excepciones al problema presentado realizadas espontáneamente y la técnica de la escala (en la que se pide al paciente: «si hoy tuviese que evaluar su situación en una escala del 0 al 10, en la que 0 representa cómo estaban las cosas en la primera cita y 10 cuando la terapia haya tenido éxito, ¿qué puntuación se pondría hoy?»)[1] es la forma indirecta de inducirlo a poner en práctica lo que se había creado con las otras técnicas, es decir, a traducir en actos concretos los contenidos de la realidad imaginada como fruto del «milagro» producido, a tratar de reproducir las excepciones e inducir la percepción de los cambios a través de su representación en una escala numérica secuencial.

La elaboración de la técnica de la paráfrasis en la evolución más moderna de la psicoterapia breve estratégica (Nardone y Salvini, 2004) deriva en gran medida del trabajo de los autores citados y representa su síntesis evolutiva. Como todo lo que forma parte de la hipnoterapia sin trance formalizada, se trata de una técnica estructurada y reproducible, pero hay que interpretar individualmente parte de un modelo desarrollado para hacer que cada diálogo

---

1 De Shazer (De Shazer *et al.,* 2007) fija como «cero» el momento en que el paciente pidió ayuda y no el momento en que las cosas estaban peor, a fin de no tomar como punto de referencia un período que podría estar muy alejado en el tiempo y que, por tanto, no permitiría al terapeuta destacar los recursos que el paciente ha puesto en práctica para mejorar su situación. Esta técnica se introduce una vez que el terapeuta ha logrado desarrollar una descripción satisfactoria de la *miracle question,* de modo que la técnica de la escala favorezca el logro de cada uno de los objetivos. El psicoterapeuta consigue de este modo destacar lo que ya ha mejorado y lo que ha hecho el paciente para conseguirlo. La escala, además, permite también traducir el «milagro» a partir del punto de llegada (el 10) en una serie de pasos, creando un proceso en el que a cada grado le corresponden pensamientos, emociones, comportamientos e interacciones que remiten a distintas áreas de la vida y de la realidad del paciente.

sea ya terapéutico. La técnica de las «paráfrasis reestructurantes» se ha formalizado, de hecho, como componente esencial del *diálogo estratégico* (Nardone y Salvini, 2004): se aplica, tras una serie de preguntas estratégicas, con objeto de consolidar los «descubrimientos» conseguidos gracias a las preguntas discriminantes y orientadoras o de abrir indirectamente nuevos escenarios en las perspectivas del paciente.

La estructura de las paráfrasis reestructurantes comprende un inicio *one-down* del tipo «corríjame si me equivoco» o «me parece, por lo que hemos dicho, pero confírmelo», seguido de una reformulación del contenido de las respuestas o afirmaciones del paciente ordenadas en una trama secuencial expuesta primero con un lenguaje lógico-explicativo y después analógico-sugestivo. Cada paráfrasis parte de la anterior y de este modo construye, durante el diálogo, una trama lógica a la que se asocia la analógica-evocadora. El conjunto construirá una exposición redundante tanto en los contenidos como en la forma, con un alto poder de sugestión y persuasión, hasta el punto en el que paciente y terapeuta coinciden en la evaluación del trastorno y en las formas de extinguirlo, anulando así la resistencia al cambio y previniendo su aparición, porque todo el proceso consiste en una serie de descubrimientos «conjuntos» de paciente y terapeuta, sin ninguna directiva. El *diálogo estratégico* representa en su conjunto una de las máximas expresiones de la hipnoterapia sin trance, porque reúne una serie de técnicas ya de por sí extraordinariamente potentes desde el punto de vista sugestivo y persuasivo, exaltando su potencial a través de la organización de una secuencia-alternancia, en la que el conjunto resultante es mucho más que la suma de las partes.

Para sentir y comprender plenamente el potencial performativo de esta sofisticada técnica remitimos a las transcripciones de los casos clínicos presentados más adelante.

Tocar el corazón: fórmulas evocadoras

Cuando, en la práctica de la hipnoterapia sin trance, nos referimos a actos lingüísticos performativos, podemos distinguirlos en complejos o simples, esto es, respectivamente, aquellas estrategias comunicativas que colocan en una secuencia preestablecida una serie de técnicas y enunciados complementarios con asonancia o disonancia fonética y aquellas representadas, en cambio, por simples y brillantes aforismos, esclarecedoras citas literarias y máximas, analogías breves y puntuales o simples representaciones metafóricas, todas ellas de portentoso efecto performativo. Las representaciones metafóricas, en concreto, constituyen las últimas técnicas verbales y de argumentación de los significados como proyectiles lingüísticos singulares que, una vez más, para ser eficaces no solo deben dar en el blanco, sino también ser capaces de penetrar en su constitución (Nardone, 2007b).

Si yo comento la situación de un paciente fóbico evitador con la afirmación «usted es víctima de todas sus batallas perdidas...», este enunciado, por muy sugestivo que sea, evocará muy poco en él porque no se ajusta a su tipo de interacción con la realidad. Pero si se lo digo a la persona que se pone a prueba obsesivamente, seré en cambio muy evocador, y si a esto además añado: «Cada vez que se pone a prueba... solo experimenta su fracaso...» habré evocado poderosa y estratégicamente la aversión hacia su constante e infructuosa «lucha». Si al fóbico evitador le digo: «Usted, como el poeta Pessoa, lleva encima todas las heridas de las batallas evitadas...», produzco el mismo efecto disruptivo. Y si añado: «... y las heridas de las batallas evitadas no se curan nunca...», el impacto emocional se incrementa aún más. Si comento las afirmaciones de un sujeto paranoico diciendo: «Como escribe Balzac, cada renuncia es un suicidio cotidiano...», este se sentirá comprendido, pero, inexorablemente, sin salida, porque esto confirma su manía persecutoria de estar en todo caso condenado. Si utilizo la misma afirmación con un deprimido que renuncia a la vida, tendrá en cambio un gran impacto emocional. Mientras que con el paranoico conviene afirmar: «Usted nunca está solo, siempre hay un enemigo detrás de cada esquina que le hace compañía... siempre lleva dentro un inquisidor que lo condena por sus culpas imaginarias...». Asimismo, decirle a una anoréxica: «Te has creado una armadura para protegerte de tu fragilidad que luego se ha transformado en tu prisión...» es tocarle el corazón, dándole una imagen adecuada de su problema y de su sufrimiento, del que ha escapado para acabar en una trampa peor.

Hay que dejar claro que las «palabras son como balas», como dice el gran filósofo del lenguaje Ludwig Wittgenstein, que solo hieren si se ajustan a las experiencias del sujeto al que se proponen y si son capaces de activar respuestas emocionales primarias. Es decir, si provocan miedo, placer, dolor o ira en sus múltiples variantes posibles, porque, como se ha expuesto ampliamente y no solo en este libro (Nardone y Milanese, 2019), el cambio concreto es el producto de experiencias emocionales correctivas, y estas pueden ser el efecto no solo de vivencias experienciales concretas, sino también de descubrimientos fulminantes e ilustrativos, fruto de la adopción de un nuevo punto de vista o de emociones perturbadoras estimuladas por enunciados lingüísticos performativos. La narración épica, la música, el teatro, la poesía y la literatura han demostrado desde siempre el poder de sus lenguajes especiales, pero si el objetivo fundamental del arte es suscitar emociones, el objetivo de una tecnología médico-psicológica es hacer que los sujetos que sufren una psicopatología rompan sus rígidos esquemas perceptivo-reactivos y superen su sufrimiento. En este caso, evocar sensaciones que suscitan emociones intensas no es un fin en sí mismo, sino que esto ha de ser estratégicamente orientado para producir los efectos terapéuticos deseados. Por eso, citar máximas o recitar aforismos no es una exhibición de erudición, igual que crear una oportuna y perturbadora analogía o narrar una historia de carácter metafórico no son meras expresiones de creatividad y actuación, sino que han de ser flechas cuidadosamente seleccionadas que hay que lanzar con gran precisión para dar en la diana. Esto solo puede hacerse si se toman en consideración tanto las características del trastorno como las personales del paciente, y teniendo bien presente el efecto que estratégicamente se debe provocar para desencadenar el cambio terapéutico. Por consiguiente, ninguna cita docta o enunciado performativo es una receta que hay que repetir, sino que se trata de nuevo de «guiones» o «partituras musicales» que hay que interpretar de manera artística. No hay que olvidar nunca que la psicoterapia es tanto arte como ciencia, tecnología y también producción artesanal, en la que hay que dar cabida a la creatividad, el rigor, la sistematicidad y la inventiva.

Contradelirio y diálogo paradójico

La técnica que seguramente requiere más creatividad y capacidad de acción es el *contradelirio,* que consiste en proponer al paciente, que se encuentra en un estado de delirante percepción y narración de las cosas, una recodificación narrativa más absurda aún, recitada como si fuese la verdad más cristalina. John Rosen elaboró, ya en la década de 1940, lo que denominaba «psicoanálisis directo» para aplicar a los pacientes esquizofrénicos. Esta técnica consistía en secundar la trama delirante de la narración del paciente dramatizándola, proponiendo una evolución más extravagante aún, que hacía que el sujeto asustado por las posibles consecuencias saliese de su delirio. D. D. Jackson elaboró más tarde esta modalidad terapéutica y la convirtió en una técnica transmisible, aunque basada en cualquier caso en las habilidades performativas del terapeuta. Recuerdo un caso cuyas grabaciones en vídeo estudié a principios de la década de 1980 en el Mental Research Institute de Palo Alto, en el que Jackson, ante un paciente que decía ser san Pedro, pero que había perdido las llaves del cielo, empezaba a buscar las llaves perdidas por debajo de la mesa, las sillas y las esquinas de su despacho, hasta que el paciente le decía que dejase de buscarlas porque no era más que una idea estrafalaria.

El *contradelirio* conduce a extremar la absurdidad de la narración hasta el punto de hacerla insostenible para el paciente, que, por lo general, responde abandonando esa representación y regresando a la realidad concreta de las cosas. Hay que aclarar que esta técnica sirve para hacer posible la curación de pacientes considerados imposibles, aunque no es la terapia, sino tan solo el instrumento para hacerla factible. Aunque, en efecto, se puede realizar en esos casos, se necesitan muchas más maniobras articuladas posteriormente. Hace unos veinticinco años, junto con el maestro de la terapia sistémica y gran amigo Gianfranco Cecchin, uno de los principales expertos en el tratamiento de los trastornos mentales superiores, traté un caso que representa un ejemplo de todo lo que estamos diciendo.

Lorenzo era un joven esquizofrénico del tipo definido como *sweet madness* (Fry, 1963), esto es, una persona que se reía y disfrutaba de sus propias representaciones delirantes, pero que un día, de repente, se volvió triste, airado y agresivo, y por eso sus familiares contactaron conmigo. Aunque era una familia de origen humilde, la hija mayor había estudiado economía y se había casado con un profesional de prestigio, cuyo ingreso en la familia había descompensado el equilibrio de Lorenzo. Como Cecchin tenía que dar una clase en nuestra Escuela de Especialización, decidí implicarlo en esta terapia.

La familia se presentó al completo, tal como les había pedido. Cecchin, que tenía una probada experiencia, empezó formulando las *preguntas circulares*[2] típicas de su

2 Técnica usada en el enfoque de la Escuela de Milán y cuyo objetivo es recoger, y al mismo tiempo introducir, informaciones en el «sistema familia». La recogida de informaciones ayuda a la formulación y a la convalidación de hipótesis que afectan a la estructura dinámica de la familia; la transmisión de las informaciones tiende a cambiar la epistemología individual y familiar de los propios miembros. De este modo, cada uno de los componentes de la familia contribuye con un metanivel (metacomunicación) al desarrollo de una imagen de la estructura de la familia y a una comprensión de la naturaleza circular de las relaciones en el seno de la misma.

modo de trabajar, aplicando lo que Karl Tomm (1988) definió como *Interventive Interviewing*,[3] pero Lorenzo le interrumpió exclamando:

> Tú crees que hay 1232 centrales nucleares… pero te equivocas porque son 1423… Lo sé muy bien porque yo era espía del KGB… Escapé bajo la cortina de humo y pasé a la CIA, pero al cabo de un tiempo no me quisieron… Entonces fui a trabajar a Atlántida, pero me echaron porque fumaba…

Llegados a este punto, tal como solíamos hacer cuando trabajábamos juntos, intervengo con un contradelirio: «Tienes razón, en Atlántida eran realmente muy severos… A mí me echaron porque tenía mal aliento… Mira, yo era un tiburón que vagaba por las costas de Mozambique y comía los cadáveres que echaban al mar los barcos piratas…». Lorenzo abrió los ojos de par en par y, dirigiéndose a sus familiares, dijo: «Pero ¿dónde me habéis traído…? Este está más loco que yo… Lo que necesito es un buen médico que me ayude a resolver el problema del cabrón de mi cuñado, que me ha robado mi lugar en la familia…». Cecchin pudo entonces reanudar la entrevista con los familiares y se descubrió que la aparición de la prestigiosa figura del marido de la hermana había transformado por completo los equilibrios familiares; el recién llegado se había convertido en el punto de referencia. Para Lorenzo,

---

3 Karl Tomm habla de «entrevista como intervención» afirmando que durante toda su investigación el terapeuta tiene oportunidades terapéuticas, en el sentido de que todo lo que hace podría tener efectos en la sesión: «Es imposible para un terapeuta interactuar con el paciente sin intervenir en su actividad autónoma».

que estaba acostumbrado a ser el centro de atención de la familia, esto era totalmente insoportable. Durante toda la larga sesión ocurrió varias veces que, cuando el experto terapeuta familiar tocaba los puntos más emocionales de Lorenzo, este empezaba de nuevo con una narración delirante y yo intervenía puntualmente con un contradelirio, devolviéndolo a la realidad. Al final de la sesión, siguiendo el uso de la terapia sistémica, planeamos un ritual terapéutico familiar que se llevó a cabo en las semanas siguientes: toda la familia, transformada en rey, reina, princesa y príncipe destronado Lorenzo, llevó a cabo la caza del caballero usurpador, el cuñado, y la recuperación de la función del único príncipe heredero auténtico. La terapia tuvo un resultado tan sorprendente como positivo; Lorenzo fue objeto de un seguimiento durante años y tuvo una vida socialmente integrada gracias también al trabajo de lavaplatos en un restaurante cuyos propietarios, sin hijos, lo habían «adoptado» literalmente. Nunca se curó del todo de su esquizofrenia, pero vivió feliz hasta su muerte prematura, hace unos años. De vez en cuando venía a verme, cuando entraba de nuevo en delirio, al que aplicábamos ya de manera conjunta un oportuno y extremo contradelirio, que lo devolvía a la realidad y nos permitía abordar el problema de aquel momento.

Unos años después de la sesión que he explicado, durante un seminario clínico que impartí sobre el tema de la hipnoterapia sin trance en el que expuse el caso de Lorenzo utilizando sus grabaciones de vídeo, un célebre psiquiatra de formación fenomenológica (Jaspers, 1913; Binswanger, 1992; Yalom, 1980) comentó lo que había visto diciéndome: «Por lo que he podido ver, usted se introduce en el delirio con tanta perfección que, como clínico experto en la materia, creo que los ha sufrido… Es más, probablemente todavía los sufre… ¿Se ha sometido alguna vez a un buen psicoanálisis? Si no lo ha hecho, ¡piénselo!». Se lo agradecí vivamente, replicando que, en ese caso, sin duda me dirigiría a él.

En realidad, la habilidad de contradelirar está en función de la capacidad de identificarse con la percepción de la realidad del sujeto delirante y, como se enseña a los actores o como saben hacer bien los «sublimes mentirosos» (Nardone, 2014), de interpretar el papel de la manera más creíble, de modo que parezca no una representación teatral, sino una experiencia real. Al fin y al cabo, una buena representación ha de parecer natural y no forzada, como vemos en el caso del bailarín que ejecuta pasos muy difíciles como si estuviese dando un paseo.

4. La danza interactiva: la secuencia de un encuentro terapéutico sugestivo

> Brillan las pupilas
> con vivos destellos.
>
> GIUSEPPE PARINI

Para que el proceso de aplicación de la hipnoterapia sin trance resulte aún más claro, me parece importante reproducir la secuencia mediante la que se activa al interactuar con el paciente, desde el primer contacto hasta el final de la entrevista clínica. Veremos, pues, en este capítulo las fases y las técnicas que hay que aplicar para hacer que la interacción sea efectivamente performativa para los objetivos previstos, es decir, realmente estratégica. O sea, como enseña Von Neumann (Neumann y Morgenstern, 1944), capaz de conseguir el objetivo adaptándose a la dinámica y superando las resistencias del paciente al cambio.

Como ya se ha comentado en varias ocasiones (Nardone, 2015), el efecto «primera impresión» desempeña un papel decisivo en la creación de esas sensaciones inducidas, en primer lugar, por las percepciones visuales de las personas con las que nos encontramos. El ejemplo más llamativo es sin duda el llamado «flechazo», o sea, la fascinación instantánea que hace que nos enamoremos de una persona a la que vemos por primera vez. Sin pretender dar la sensación de que somos unos irresistibles seductores a primera vista, es importante sin embargo conceder la debida importancia a las sugestiones que pueden ser evocadas al comienzo de una interacción, porque en esos primeros treinta segundos se construye lo que para los psicólogos cognitivos es el «juicio implícito» (Salvini, 1989; Salvini y Bottini, 2011), esto es, el efecto sugestivo de la primera impresión. Si este es positivo, el contacto va sobre ruedas; si no lo es, comienza cuesta arriba. En el primer caso, estaré bien dispuesto y abierto al cambio; en el segundo caso, desconfiaré y me mostraré reacio. Como dice Horacio: «Quien bien empieza la mitad ha hecho».

Piénsese que la mayor parte de las formas de psicoterapia no tiene en cuenta este aspecto.

En el prólogo hemos visto cómo causar una buena impresión ante un público numeroso con una determinada forma de entrar en escena; es evidente que esto no puede producirse en una interacción individual y, cuando estamos ante una sola persona, hay que utilizar una técnica distinta. Cuando nos encontramos con alguien, el primer contacto es visual: es la mirada la que nos proporciona las primeras sensaciones, las primeras percepciones. Y estas primeras percepciones tienen que ver con nuestro paleoencéfalo. Este distingue entre lo que le da miedo y le gusta y lo que lo disgusta y lo irrita, en virtud de las cuatro percepciones-emociones básicas que tienen la función de hacer que nos adaptemos correctamente a la situación que se nos presenta. Si, por ejemplo, me dirijo hacia una persona caminando demasiado rápido, haré que se sienta agredida: la percepción visual crea la alarma. Si me muevo con excesiva lentitud, provocaré el «efecto perezoso», la impresión de ser una persona débil. Si me muevo pisando fuerte, como un militar, también provocaré sensación de alarma. Si en estas situaciones tengo delante a una persona cohibida, esta se cerrará en sí misma; si es una persona fuerte, adoptará una actitud de simetría. Hay que moverse con paso suave, sigiloso como un felino, y mantener una postura erguida; la mirada no debe mantenerse fija en los ojos, sino que, para crear la ambivalencia, de los ojos ha de pasar a todo el cuerpo y volver luego al rostro. Esto hace que la persona se sienta acogida, pero estudiada, y se crea de inmediato una «sintonización de roles», que es el primer factor importante de la hipnoterapia sin trance. Yo debo adoptar la posición relacional que corresponde a mi papel. El que acude a mí para ser curado espera encontrar a una persona decididamente influyente. Actuando como acabo de explicar, creo la sensación de encontrarse con una persona acogedora, pero que lo está estudiando, y esto crea la sugestión de la expectativa positiva: «¡Una persona así seguro que sabrá ayudarme!». Como diría Oscar Wilde: «Solo los superficiales no juzgan por las apariencias». La manera más eficaz de mantener una postura erguida pero no rígida es la que Moshé Feldenkrais (1981) define como «eutonía»,[1] es decir, el estado en el que el acto de caminar

---

1 La «eutonía» es un método que favorece el equilibrio tónico, la flexibilidad tónica, entendiendo por «tono» la tensión de base del cuerpo. Todas las actividades corporales, psíquicas y emocionales se manifiestan a través del tono, que refleja el estado vital de la persona en su unidad cuerpo-alma-espíritu. Un tono equilibrado y

implica todo el cuerpo y no solo la parte inferior, como enseñan también los antropólogos físicos: si se mantiene la «mirada vestibular», esto es, una postura de la cabeza en línea con los ojos y los vestíbulos auriculares, como cuando se mira el horizonte, todo el cuerpo queda erguido, pero sin rigidez.

Cuando estamos más cerca, antes de saludar a la otra persona dándole la mano (aunque todo el mundo espera un fuerte apretón de manos, no ha de ser muy fuerte y, sobre todo, ha de prolongarse de tal modo que transmita la sensación de que quiero establecer un vínculo), se produce el contacto ocular y la mímica facial, que empieza a un par de metros de distancia. La mirada y la mímica facial son cruciales, porque en ese momento es cuando entramos en contacto cercano y se empieza a mirar la cara, ya no el cuerpo. En ese preciso instante lo que habría que saber hacer es mirar dilatando las pupilas.

En la década de 1970, cuando la psicología estaba en su mejor momento, el efecto «pupila dilatada» fue objeto de estudios e investigaciones experimentales acompañadas incluso de fotografías. Si mostramos a las personas dos fotografías del mismo rostro, una con la pupila normal y la otra con la pupila dilatada, nos dirán que con la pupila dilatada el rostro es más bello y la persona más atractiva (Sirigatti *et al.,* 2008). ¿Cómo se explica esto? Sencilla-

---

flexible se adapta de manera óptima a la situación del momento y favorece todas las actividades de la vida, expresando una armonía de la persona consigo misma y el ambiente que la rodea. La eutonía se basa en la escucha de las sensaciones corporales y en la toma de conciencia del cuerpo en relación con la realidad circundante, especialmente con el suelo.

mente porque la foto transmite la emoción primaria del placer. Cuando una persona experimenta mucho placer, sus pupilas se dilatan; si te transmito este mensaje, te estoy dando la sugestión del placer del encuentro, lo cual te hace inmediatamente fascinante. Desde el punto de vista neurocientífico, este proceso comunicativo activa claramente el efecto «neuronas espejo», creando una sintonía inmediata y complacida de los dos cerebros.

Obviamente, no es algo que se aprenda con facilidad, pero nada en la terapia estratégica de la hipnosis sin trance se aprende fácilmente: el terapeuta estratégico es un intérprete y debe aprender a actuar a todos los niveles. Este tipo de acto comunicativo no verbal es muy potente, porque activa de manera rápida e irresistible las partes más ancestrales de nuestro cerebro, provocando el placer. Además, cuando se dilatan las pupilas, el rostro se relaja en una sutil sonrisa; la persona se siente fascinada e inmediatamente acogida.

Luego llega el contacto con la mano, sostenida en un cálido apretón que refuerza la intensidad del acercamiento. Si habéis jugado bien vuestras cartas, habréis creado ya una primera impresión tan potente como fascinante, que será determinante para la construcción de la posterior relación. Esto también es sintonizarse con el papel que tenemos que representar: el de la persona que será capaz de hacerte cambiar lo que te hace sufrir y hará que adquieras lo que te falta para conseguirlo. Ese impacto sugestivo produce el efecto «expectativa» que, como indican las investigaciones, es responsable del cuarenta por ciento del cambio terapéutico. ¡Todo esto en los primeros treinta segundos!

A continuación entramos en el estudio, donde nos sentamos. Aquí también nos encontramos de nuevo con el efecto «postura». En las numerosas películas donde aparecen fragmentos de psicoterapia o en series de televisión como *In treatment,* vemos terapeutas cómodamente arrellanados en sus butacas, con la errónea convicción de que si se muestran relajados la otra persona también se relajará; en realidad, las cosas no funcionan así en absoluto. Si entramos en el estudio y yo me relajo en mi butaca, la primera sensación que evoco en el paciente es: «A este no le importo nada». Si, por el contrario, adopto una postura demasiado rígida, creo una especie de sensación de agresión, a la que la persona reacciona con la misma agresividad o adoptando una actitud de defensa y de cierre. Incluso cuando nos sentamos y ha empezado formalmente el coloquio, la postura ha de ser elegante, suave y, como antes, erguida. No debemos inclinarnos ni hacia atrás ni hacia delante, y esto siempre gracias a la mirada: cuando nos sentamos, estamos más o menos al mismo nivel, yo puedo mirarte manteniendo mi mirada vestibular y esto me hace adoptar una postura nuevamente fascinante y al mismo tiempo acogedora.

En ese momento empieza el diálogo; finalmente, llegan las palabras. Se entra en el tema. Ahora bien, en este nivel es muy frecuente pensar que el terapeuta debe decir sencillamente: «Y bien, ¿cuál es el motivo de su visita?», y esperar la descripción del malestar después de esta pregunta abierta, o bien que existe un protocolo de cuestiones, una entrevista estructurada compuesta por preguntas estándar para llegar al diagnóstico de una forma aparentemente más rigurosa. Pero en este caso es el terapeuta el que guía de una manera directiva, mientras que la práctica de la persuasión nos enseña que siempre hay que hacer sentir al otro que es él quien guía: en realidad, este es justamente el modo más eficaz de dirigir, de manera indirecta.

Al principio, el íncipit no deberían ser las palabras sino un gesto no verbal: abrir los brazos y las manos como invitando a tomar la palabra, acompañando el gesto con la mirada sostenida en el contacto ocular, bajando el mentón y la cabeza como cuando se asiente y esbozando una leve sonrisa. Este gesto es una apertura y permite que la persona que tenemos enfrente decida; si quiere empezar a hablar, lo hará de inmediato. Si en cambio duda, aunque sea unos segundos, nos estará pidiendo que le hagamos preguntas y habrá que empezar enseguida a formularlas. Con esta forma de actuar preparamos el diálogo de manera acogedora, pero gestionado con maestría. Si la persona empieza a hablar, debemos escucharla hasta que termine la descripción, sin interrumpirla nunca, ni aunque esté hablando cuarenta minutos. Recuerdo, hace muchos años, a un general de los *Carabinieri,* una persona acostumbrada a mandar: quería traer a mi consulta a su hija esquizofrénica, pero me pidió que, si era posible, nos viéramos antes para explicarme la situación. Había preparado una anamnesis como si fuera un informe de la policía, de veinticinco páginas, y me expuso toda la historia y todas las terapias anteriores durante cuarenta minutos. Tenía ganas de tirarme por la ventana, pero me obligué a permanecer allí y en escucha activa.

La escucha activa consiste en mantener la atención mientras una persona explica las cosas, con la mirada interactiva, es decir, manteniendo y desviando el contacto ocular alternadamente y tocándose el rostro, que es un gesto de gran concentración. Si hablamos con alguien y esa persona se toca la cara, nos parece que está reflexionando, que está presente, que está pensando en lo que se le dice. Este simple acto es uno de los factores comunicativos más importantes de la escucha participativa, junto con la mirada, la mímica facial, la postura y la sonrisa. Escuchar a una persona de este modo le transmite atención y acogida, y hace que parezca que todo lo que dice es importante.

Por tanto, si la persona empieza a hablar, hay que mantenerse en esta escucha activa hasta que haya terminado; antes de empezar a hacerle preguntas, deberemos realizar otra fundamental maniobra sugestiva y persuasiva, que consiste en parafrasear lo que ha expuesto. En cambio, si la persona no empieza a hablar, deberemos empezar haciéndole las preguntas más genéricas, sin parecer prematuramente intrusivos: debemos entrar poco a poco, sin asustar.

El primer coloquio sugestivo y estratégico ha de ser como una espiral que, partiendo de los círculos más grandes, se va reduciendo hasta el círculo más pequeño, el centro de la diana, esto es, el objetivo final.

Mientras hacemos las preguntas, la mirada ha de mantenerse activa; la persona ha de sentirse siempre observada por el experto. Cuando escuchamos, en cambio, debemos mirar y apartar la mirada, pasando de manera fluida de una actitud a otra.

En la terapia la voz ha de ser sugestiva; para lograrlo, ante todo hay que aprender a ralentizar el ritmo del habla, que es el primer factor capaz de crear y de reducir la ansiedad. Si hablo rápido y hago preguntas a gran velocidad, mi voz será alta, alarmante, chillona, e inmediatamente provocaré ansiedad a la persona que tengo delante; en cambio, si pregunto pausadamente: «¿Cuál es el problema que le ha traído aquí hoy?», mi voz sonará más profunda de forma natural, porque al hablar lentamente los parámetros de la ansiedad se reducen en mi organismo y, utilizando la parte baja de los pulmones, la voz suena extraordinariamente sugestiva, arcaica, profunda. Es lo que hace el hipnotizador clásico cuando induce el trance y que, en nuestro caso, nos sirve para afinar la sintonización, el papel del terapeuta que hace sentir al otro su fuerza, su calma, su capacidad de guiar al paciente hacia la solución de su malestar.

De esta manera transmito mi calma y, al mismo tiempo, mi presencia, hago que se active con más fuerza en él el efecto de la expectativa. Es obvio que no siempre hablaré tan lento y con un ritmo tan marcado; pero es importante hacerlo cuando se empieza a hablar o cuando se quiere que algo sea retenido en la mente o en el corazón de una persona. Por tanto, cuando presento una analogía evidente, una imagen evocadora, una alusión que quiero que sea como un eco que resuena, ralentizaré el discurso y lo haré lo más musical posible.

«Musical» es un término que en psicoterapia no existe, y en cambio la musicalidad del sonido de nuestra voz es fundamental. Hay que saber utilizar la propia voz como un instrumento musical, sabiendo que si uso la voz con variaciones armónicas, mis manos y la postura de la cabeza armonizarán de forma natural con el sonido de la voz, creando un gran efecto sugestivo. Esto instaura de inmediato una atmósfera de calma, de paz, de serenidad, que amplifica las percepciones del sujeto y reduce sus resistencias: una forma suave de influencia. El uso de las palabras debería ser selectivo. Al final de un enunciado hay que introducir algo que cree una redundancia musical del tipo: «Creo que finalmente podremos inducir algo que formará parte permanentemente de su experiencia, que estará presente en su mente. La musicalidad entre los tres elementos que acaban en «mente» tiene un efecto envolvente.

O bien puedo crear una disonancia musical mediante palabras que contrasten en el sonido, provocando de inmediato cierta turbación: esto es importante cuando he de introducir alguna cosa que cambia. Al igual que la explicación, desde el punto de vista de la expresión de los significados, nunca debería ser una mera explicación, sino proceder mediante contrastes semánticos, como en el caso de enunciados de forma aforística que han de resultar sorprendentes. Hay que alternar continuamente el lenguaje mediante imágenes y explicaciones, es decir, desde un punto de vista semántico y de verbalización, para expresarme he de alternar el lenguaje descriptivo y el lenguaje evocador. El objetivo es crear el efecto performativo: hacer sentir primero, hacer comprender después y finalmente inducir a actuar de manera distinta de como se ha hecho hasta ese momento, provocando experiencias emocionales correctivas.

Además de las acciones con las que se crea la sugestión que permite acceder, sorteando las resistencias, a la parte más paleoencefálica del individuo, se trabaja en los contenidos, en cómo se argumentan y en cómo se alterna la parte más directamente descriptiva, semántica y lógica con la parte más analógica, alusiva y evocadora, creando el efecto performativo. Para ello se han elaborado verdaderos guiones que hay que recitar e interpretar, adaptándolos a la especificidad del paciente y de su contexto, y manteniendo la regularidad con respecto a la clase de trastorno para el que esa técnica ha sido elaborada y formalizada.

Al aplicar todos estos guiones habrá que adoptar una postura erguida y mantener constantemente el contacto ocular, aunque con una modalidad muy especial: si se mira donde la línea de los ojos se une a la de la nariz, la mirada se vuelve penetrante como si viésemos sus adentros, esto es, «el interior» del paciente. Platón sostenía que los ojos eran las ventanas del alma; con esta mirada penetrante y sugestiva es como si se transmitiera la sensación de que se va a llegar a lo más profundo del alma del paciente, con lo cual se aporta un mayor énfasis a la prescripción.

Prescripción a la que conviene imprimir un tono redundante, empezando con una modulación grave, solemne, lenta, para luego retomar la velocidad natural. La parte más importante de un enunciado sugestivo, sobre todo de una imposición, siempre debería empezar dejando un tiempo de silencio que aumente la expectativa, creando el efecto suspense; luego miro, espero hasta tres segundos, doy la prescripción; cuando he terminado mantengo el contacto ocular, teniendo al paciente como a un gato que estuviera frente a los faros del coche; cuando acabo de hablar, permanezco todavía en silencio unos cuatro segundos, sin apartar la mirada. Los dos silencios, el de antes y el de después, son el marco del enunciado en un final impactante, recitado de esta forma evocadora a fin de que las últimas palabras permanezcan como un eco que resuena en la cabeza de la persona incluso los días siguientes. De este modo se ha recuperado y adaptado un antiguo saber gracias a estudios e investigaciones modernos: mirar atrás a menudo nos permite mirar hacia delante.

5. Hipnoterapia sin trance en acción

Tras haber expuesto la secuencia de la danza interactiva entre paciente y psicoterapeuta en una hipnoterapia sin trance, parece adecuado, a fin de hacer más claro y menos «misterioso» lo que ocurre durante una terapia de este tipo, presentar la transcripción de dos casos reales en los que se aplica lo que se ha expuesto hasta aquí.

Vencer al abusador

El primer caso es un ejemplo de investigación-intervención: la paciente se presenta con un problema que en realidad esconde otro. Se consigue que emerja este último y luego se afronta hasta que es solucionado. A menudo hay que evitar detenerse en las descripciones ofrecidas por los pacientes para ir más allá y guiarlos a descubrir lo que, para defenderse, no quieren ver o que, para protegerse, querrían olvidar.

TERAPEUTA (T): Hola, ¿de dónde viene?

PACIENTE (P): De T.

T: ¡Bien!

P: Yo soy de M., pero hoy vengo de T.

T: Bien. Antes de empezar debo cumplir un ritual obligado. Hay un micrófono, una cámara… Todo lo que ocurre aquí dentro queda registrado porque forma parte de mis métodos para poder revisar cada sesión y así trabajar mejor.

P: Por supuesto.

T: Bien. ¿Qué es lo que la trae aquí desde T… o desde M…?

P: Bueno, un poco… el cansancio de no estar bien… Es que estoy un poco harta de…

T: … No estar bien.

P: Exacto. De despertarme con ansiedad, de no estar nunca satisfecha… en resumen…

T: ¿Nunca satisfecha de la vida o de usted misma?

P: Las dos cosas.

T: Ah…

P: Creo que a veces soy muy severa conmigo y… además… sí… siempre creo que no consigo que las cosas vayan como querría, en la dirección que querría.

T: Ah… O sea, un fracaso constante.

P: Mmm sí, es lo que creo, desgraciadamente.

T: Un desastre permanente.

P: Sí, pero no; luego, hablando, desahogándome, me doy cuenta de lo absurdo de estos pensamientos… pero…

T: Pero la idea es esta.

P: Mmm *(asiente)*.

T: … De estar en un constante *(pausa)* proyecto *(pausa)* fracasado.

P: *(Asiente)*.

T: ¿Y esto ocurre desde siempre o solo a partir de un determinado momento de su vida?

P: Bueno… probablemente desde siempre. Empecé a ser algo consciente a los veinte años… veintiuno, veintidós… cuando terminaba la universidad, la diplomatura… un momento de crisis… ¿qué será de mí, qué haré, qué camino tomaré?… Y además la elaboración de muchas cosas que habían sucedido antes…

T: Mmm *(asintiendo)*… Y de este modo empezaron a complicarse las cosas.

P: Sí, un poco al tratar de reelaborarlas, de arreglarlas, en realidad veía que cavaba y… que cada vez estaba más abajo.

T: Cierto, si se cava… cada vez se está más abajo *(sonriendo)*.

P: Sí.

T: De acuerdo, ¿es la primera vez —puedo tutearte, ¿no?— que acudes a un especialista o ya has hecho otros tratamientos?

P: No, ya he hecho otros tratamientos. Dos, muy importantes, que tuve que interrumpir por culpa de mis frecuentes traslados… porque yo soy de M., y viví allí hasta acabar la diplomatura. Luego continué los estudios en T., encontré a otra persona y tuve que interrumpir la terapia de M. Y ahora que me he trasladado de T… En resumen…

T: Vale, o sea, dos tratamientos vividos intensamente.

P: Sí.

T: … Constructivos e interrumpidos prematuramente.

P: Sí, pero digamos que la primera vez la terapeuta me había dicho que todavía quedaba algún trabajo por hacer pero que, bueno, hacía un año y medio que avanzaba. La de T. también me dijo que en su opinión la terapia podía considerarse acabada, pero luego, después de trasladarme, empecé a estar mal de nuevo.

T: Ah, bien, o sea, no se habían alcanzado los objetivos y… ¿qué tipo de terapias eran?

P: Bueno…

T: ¿Diferentes o parecidas?

P: Parecidas. Siempre me he dirigido a mujeres mmm… era precisamente psicoterapia… creo que el enfoque conduc…

T: Cognitivo-conductual.

P: Sí, ese.

T: Bien. ¿Y por qué esta vez has decidido acudir precisamente a mí?

P: Bueno, digamos que en mis épocas «no» de la vida estuve mirando cosas, buscaba un libro que me ayudase a recuperarme y encontré *Psicotrampas*. Lo leí, releí y releí, y cuando me trasladé aquí me dije: «Mira… estás a dos horitas… haz algo por ti misma y…».

T: Vale. ¿A qué te dedicas?

P: Soy maestra y trabajo en una escuela de primaria, además de alguna clase particular… También soy asistenta social, pero no consigo entrar en el mundo laboral.

T: No has conseguido entrar en el sector público.

P: No.

T: ¿Y estás licenciada en qué…?

P: Tengo dos licenciaturas, en Ciencias de la Educación y en Servicios Sociales.

T: De acuerdo… Pero trabajas en educación.

P: Sí, trabajo en educación.

T: Mmm. ¿Estás casada? ¿Tienes novio?

P: Sí, me casé hace un año y medio.

T: ¿Y esto lo incluyes entre los fracasos o entre los éxitos? *(Sonriendo)*.

P: *(Ríe)*. ¡Ha sido un recorrido difícil! Digamos que sí, seguramente entre los éxitos, pero luego los traslados me llevan a… *(sonriendo)*.

T: Porque si eres un fracaso constante y te casaste hace un año… *(sonriendo)*.

P: Ya, pero incluyo entre los fracasos el hecho de no conseguir quedarme embarazada, el fracaso de tener que trasladarme de nuevo, o sea, todas estas cosas…

T: ¿Y por qué razón os trasladáis?

P: Por el trabajo de él… Es militar y hay pocos oficiales ingenieros, por eso los trasladan solo a ciertos lugares.

T: Bien. Así que estás siguiendo su carrera.

P: Exacto. Y esto ha sido, desgraciadamente, motivo de gran nerviosismo.

T: Imagino. Y por ahora no consigues tener hijos.

P: No, no. Un poco por razones… Quiero decir, digamos que en realidad… después de dos años de intentarlo resultó que había un problema físico que era, bueno, las trompas obstruidas… Pero en otras pruebas, otras radiografías que me hicieron parece que han abierto estas trompas.

T: ¿Te hicieron una laparoscopia?

P: Me hicieron una histerosonografía… y parece que el problema está resuelto.

T: Por tanto ahora deberías…

P: Tal vez. Sigo siendo muy escéptica.

T: ¿O seguirás siendo un fracaso? *(Sonriendo)*.

P: Exacto, sí *(sonríe)*.

T: ¿Solo tú te hiciste los análisis o también se los hizo él?

P: Él también, está perfecto.

T: Ahora, ya sabes, veamos si pones algo de tu… para fracasar *(sonríe)*.

P: Exacto.

T: … Puesto que la naturaleza ahora…

P: La naturaleza en teoría lo permite.

T: Bien, veremos.

P: Mmm.

T: ¿Qué debería cambiar en tu vida para que me dijeras «Gracias, estoy bien»?

P: *(Reflexiona).* Imagino que conseguir afrontar en cierto modo las adversidades de manera más serena, más… *(suspiro)* más racional.

T: Mmm… ¿qué significa eso?

P: *(Suspiro).* Por ejemplo, ayer el vecino me avisó a través del interfono de que mi gato estaba molestando y mi reacción fue sufrir un ataque de ansiedad, casi un ataque de pánico por una estupidez semejante… Por tanto, me imagino que conseguir afrontar los problemas no como si no fuesen problemas, sino de una manera más… más racional.

T: Por tanto, lo que tú vives como un problema es ser una persona demasiado sacudida por estímulos que te hacen perder el control.

P: *(Reflexiona unos segundos).* Sí.

T: ¿Pero lo que te hace perder el control son cosas que te asustan o cosas que te angustian?

P: Bueno… tal vez más cosas que me angustian. Por ejemplo, este hecho de no conseguir quedarme embarazada, hasta que descubrí que las trompas estaban obstruidas, lo percibía como si mi cuerpo no fuera apto, y entonces me angustiaba mucho.

T: Como si tu naturaleza te hubiera condenado a no tener hijos.

P: Exacto. Un poco por causa, un poco por… Quiero decir sí, como si no fuese apta para procrear.

T: ¿Y «por causa» qué quiere decir?

P: Bueno, por culpa mía que no… no sé… Como si al no estar bien psicológicamente no permitiese a mi cuerpo tener hijos… y un poco… es el motivo por el que empecé a ir a terapia, porque fui consciente de que había sufrido abusos cuando era niña y entonces ocurrió todo el… la cuestión de que yo no podía tener hijos por culpa de otra persona que… Además, temía llegar a ser yo también como aquella persona, todo esto…

T: Bien, ¿y esta cuestión del abuso crees que la has resuelto o sigue siendo como una sombra siniestra que sigue a tu lado?

P: No, creo que la he resuelto. Es decir… ahora lo sé, forma parte de mí. Lo que más me dolió fue que no lo aceptaran en la familia porque ocurrió que… incluso yo antes de darme cuenta de que eran abusos tardé muchos años en el sentido de que yo tenía 8 años y él 14… Y bueno… yo no lo aceptaba, mucho menos mi familia… Son juegos de exploración… yo era una niña y él un adolescente y por tanto después todo el trabajo empezó desde allí.

T: ¿Era un familiar?

P: Sí.

T: ¿Directo o indirecto?

P: Político. Era el sobrino del compañero de mi madre.

T: Bien. ¿Y fue un abuso reiterado en el tiempo o se limitó a unos pocos episodios?

P: No, limitado, duró un año.

T: *(Mirada perpleja)*. Bueno, en fin… un período limitado es poco, un año es un período largo.

P: *(Asiente)*. Sí, teníamos una casa en la montaña a la que íbamos un par de veces al mes y sucedía en esas ocasiones.

T: Bien. ¿Y tú hablaste de esto con tus padres o lo mantuviste oculto?

p: Sí, unos años más tarde, a los doce o trece años.

T: Porque antes te daba vergüenza.

p: Bueno, no sé lo que pensaba antes, nunca me lo pregunté. Solo una vez en la que empecé a encontrarme mal, sentía una fuerte ansiedad y no sabía por qué, luego comprendí que era algo referido a aquello y... me puse a llorar después de haber hablado con mi madre, solo recuerdo esto.

T: ¿Y ellos lo rechazaron?

p: Sí, mi madre enseguida se puso a llorar, luego habló con su compañero y decidieron que era un juego de exploración... Intentaron hablar con esa persona, pero nada...

T: Desistieron.

p: Sí.

T: ... Y la única que siguió enfrentándose al hecho fuiste tú.

p: Sí... en ese caso sí.

T: Y, perdona, ¿esto ha influido luego en tu modo de vivir la sexualidad?

p: Sí, mucho... sí.

T: ¿Sigue influyendo o lo has superado?

p: No, creo que lo superé al conocer a mi marido... Hace unos años que estamos juntos... la confianza... sí, creo que sí, que ya está resuelto.

T: De acuerdo, o sea, cuando tú vives ciertas cosas ya no aparecen imágenes, asociaciones...

p: No, ahora no.

T: Ahora ¿desde cuándo?

p: Cuatro años.

T: Bien, muy bien. Pero... como ves, esto ha dejado una huella...

p: Sí, me ha fastidiado. *(Sonríe)*.

T: Como si fueses tú la... imperfecta... mancillada.

108

P: *(Asiente)*. Sí.

T: … Y por tanto que no merece…

P: *(Asiente)*. Sí. Además he cambiado mucho de trabajo con tanto traslado y ahora que trabajo en una escuela de primaria al principio fue muy difícil.

T: Claro.

P: … Tenía miedo de convertirme en el monstruo…

T: … Que abusa de los demás.

P: Sí.

T: Como ves, siguen quedando huellas.

P: Mmm, sí *(Asiente)*.

T: … De acuerdo, bien. *(Pausa)*. ¿Es solo esto lo que te remite a esta cosa, aunque indirectamente, porque te conviertes en el monstruo, o hay otras cosas que haces y que vives que también te remiten a ella?

P: No, por ejemplo, hoy en la escuela estaba en clase y he notado un olor y me ha recordado a aquello… pero sí, estas son las cosas que a veces me remiten a aquello.

T: De acuerdo, las sensaciones…

P: Sí.

T: Los olores, los ruidos…

P: Sí, hace poco vi muchas piedras en el suelo y por un momento regresé allí… Y esta mañana en clase he notado el olor de un niño y he dicho…

T: Ha empezado a revivir la memoria sensorial.

P: *(Asiente)*.

T: Bien, como ves, es una sombra amenazadora que todavía te acompaña *(pausa)*. Has mejorado mucho en la actuación pero aún conservas en tu interior ese horrible fantasma.

P: Sí. Y no logro entender cómo es posible después de tantos años, después de tantas… No sé, me parece que cuanto más avanzo, en vez de hacerse más pequeño… además cuanto más hablo de ello más grande se vuelve.

T: Claro. Porque todavía no lo has enterrado en tu memoria. Hay que procesarlo, enterrarlo en tu memoria.

P: De acuerdo.

T: Y esto es lo primero que vamos a hacer, antes de ocuparnos de todo lo demás. Porque mientras esta sombra amenazadora te acompañe, eres imperfecta, no eres digna, en cualquier momento podrías convertirte en el Doctor Jekyll.

P: *(Asiente)*.

T: Debo decirte ante todo que no va a ser un paseo acceder a esto porque, si bien en otros trastornos las cosas pueden ser gestionadas usando estratagemas que hacen que uno ni siquiera se dé cuenta de que cambia, en este caso debes entrar a fondo para salir de ello… Bien… De modo que lo que debes hacer, que es justamente la técnica que hemos elaborado para el postraumatismo, es procurarte un cuaderno y, todos los días, como si fueses la novelista que escribe una serie de relatos sobre el mismo tema, nos cuentas por escrito todas las sensaciones, las imágenes que recuerdas de aquel desgraciado año…

P: *(Asiente)*.

T: … Como una serie de relatos breves. Y cuanto más detallado sea, más situarás en el pasado lo ocurrido.

P: De acuerdo.

T: Has de escribir a mano, todos los días, un relato de aquel período. Está claro que no es un paseo porque sacarás a la superficie cosas que están en lo más profundo… pero nosotros debemos enterrar y sepultar, ¿de acuerdo?

P: De acuerdo.

T: Que vaya bien. Nos vemos dentro de dos semanas.

P: Muy bien.

Segunda sesión

T: ¿Cómo han ido estas semanas?

P: Bueno, ha sido duro… emocionalmente.

T: ¿Qué es lo que ha sido duro?

P: En realidad, he sentido mucha ansiedad estas dos semanas, sobre todo los primeros días; luego aumentó gradualmente hasta ir debilitándose.

T: Bueno, es normal que hacer una tarea tan dolorosa te provoque ansiedad, ¿de acuerdo?

P: *(Asiente).*

T: Bien. ¿Has hecho la tarea?

P: Sí, tan solo dos días no he hecho la tarea.

T: ¿Has traído el cuaderno?

P: Sí. Dos días me olvidé por completo, estuve en M., en casa de mis padres, y se quedó en un rincón.

T: Bien. ¿Qué te ha parecido?

P: Bueno… lo extraño es que mientras escribía… muchas cosas… me daba cuenta de que me costaba, hablaba más del presente que del pasado… Por ejemplo, escribía sobre la relación con mi madre o sobre cómo había pasado el día… es como si quisiera huir de esas palabras… Y me di cuenta de que escribir me hizo ver que muchos recuerdos estaban como borrados, es decir, me costaba mucho recuperarlos.

T: Apartados… es el término correcto.

P: Sí.

T: Ocultos.

P: Sí… Aunque me esforcé mucho en uno y… no sé cómo fue. Sucedió muchas veces, no recuerdo cuál fue la primera… es decir, no conservo el recuerdo…

T: Pero ¿conseguiste evocar, narrar los episodios, los pormenores, los detalles, o te ha resultado demasiado difícil?

P: En algunas cosas sí, algo detallado sí… el primer día… De hecho, fue a partir de entonces cuando estuve mal… Luego me concentré mucho en el momento en que se lo dije a mis padres… y me pregunté si fue lo más difícil para mí, decirles a mis padres lo que había sucedido y ver su reacción, cómo se lo habían tomado.

T: Bien. ¿Cómo es que decidiste hacer esto?

P: Porque cada vez que pienso en aquella época, con todo lo que pasó, entre mis recuerdos siempre surgía esto, es decir, el momento en el que decido decírselo a mis padres.

T: Vale, bien. Por tanto, esto es un recuerdo, no es algo que hayas hecho ahora de nuevo.

P: ¿En qué sentido?

T: … Hablar con tus padres.

P: Ah no, lo hablamos nuevamente no hace mucho tiempo, unos diez años, aunque la primera vez fue hace más de veinte.

T: Por tanto, recordar el momento en el que hablas con tus padres te ha provocado emociones muy fuertes.

P: Ah sí.

T: … Porque probablemente en ese momento has entrado en el aspecto emocional.

P: Mmm, de acuerdo.

T: Bien. En cambio, ¿recordándolo en primera persona no has podido acceder tanto a ello?

P: Mmm.

T: Es una pregunta, no una afirmación.

P: No, sí, estoy pensando… Tal vez sí, es decir, en el sentido… Me ha hecho sentir muy expuesta escribir los hechos, lo que sucedía, mucha vergüenza, incomodidad… Precisamente, ir al detalle de lo que sucedía de manera concreta. Finalmente, ayer lo puse todo en tela de juicio, de nuevo, y mientras escribía me dije: «a lo mejor es todo una invención mía», a lo mejor…

T: … Un recuerdo inventado.

P: Sí, o que lo hice más gordo de lo que fue, ¿no?

T: Esto es lo que te has estado diciendo toda la vida.

P: Sí.

T: … Y no parece que haya funcionado.

P: Decididamente, no.

T: … De lo contrario no habrías llegado hasta aquí.

P: *(Asiente)*.

T: … Y no te habrías quedado así.

P: *(Asiente)*.

T: Y a ti ¿cómo te han ido las cosas en estos días?

P: Bueno, no sé, he tenido muchísimo trabajo. Con mi marido he estado discutiendo sin parar durante quince días; estaba muy nerviosa.

T: Lo imagino.

P: Así que digamos que las dos semanas han pasado volando.

T: Él ha hecho de pararrayos.

P: Sí, pobrecillo.

T: Pobrecillo no, es lo que le toca en este momento.

P: *(Asiente)*.

T: Ha cogido una castaña caliente… ardiendo.

P: Mmm *(Sonríe)*.

T: ¿Y este papel se lo ha tomado bien o se ha enfadado?

P: No, muchas veces lo que me transmite, y que intento explicarle, es que me parece muy superficial al respecto. Por ejemplo, estamos en el sofá, estoy escribiendo mi diario y él mira Instagram y pone el vídeo a todo volumen, que es algo que me pone histérica.

T: Pero ¿por qué te pones a escribir en el sofá a su lado y no te vas a una habitación sola?

P: Bueno, tal vez… si estoy sola me… lo intenté una vez en la cama…

T: Es lo que debes hacer. Porque es obvio que si estás con más gente no surgirán los hechos más dolorosos. Y lo que queremos es que profundices precisamente en los hechos más dolorosos.

P: De acuerdo.

T: Si sigues en la superficie, como hace él, no resuelves el problema. Tienes que penetrar en ello hasta el fondo, para salir. Así que tienes que aislarte y escribir en soledad. Y todas las distracciones que te rodean sirven para hacer lo que has hecho durante toda la vida: omisiones, apartar ciertas cosas… Y es esa sombra amenazadora lo que has llevado siempre contigo… y que siempre te ha creado problemas. Así que no te dejes llevar por la idea de que como es más fácil lo hago en el sofá a su lado. Es una forma de dorar la píldora… Pero esta es una píldora que no puede ser dorada, es una píldora muy amarga… la que hay que tomar.

P: Sí… cuando intenté hacerlo sola en la habitación… fue terrible.

T: Y allí atravesaste un pedacito de infierno… Eso es lo que debes hacer todos los días. Atravesar el infierno quiere decir, por supuesto, quemarse los pies sobre las brasas ardientes… Pero es lo que debes hacer… porque si no haces esto, no saldrás de ahí. ¿De acuerdo?

P: De acuerdo.

T: Ahora tienes dos semanas para caminar sobre las brasas ardientes, sola.

P: De acuerdo, tengo que rehacerlo estando sola.

T: No rehacerlo, hacerlo. Porque cuando imponemos esta tarea sabemos muy bien que al principio surgen las defensas. Piensa que hay personas que llegan aquí con un trauma y tardamos 7-8 sesiones en lograr que hagan la tarea. Hay otros que empiezan a hacerla de inmediato, como tú, pero lo hacen en modo suave.

P: *(Asiente).*

T: Nosotros tenemos que hacerlo en modo duro; de lo contrario no funciona.

P: De acuerdo.

T: Que vaya bien.

P: Gracias.

Tercera sesión

T: Y bien, ¿cómo va eso?

P: Ha ido mucho mejor.

T: ¿Qué significa?

P: Bueno, significa que he conseguido que afloren muchos recuerdos y en la última semana he empezado a soñar. *(Sonríe).*

T: ¡Ohhh! Explícate mejor.

P: Sí. He soñado el momento preciso… he soñado que iba al bosque. En el sueño era adulta pero veía la escena de ese muchacho y de esa niña y sabía que la niña era yo. Y otras dos veces más, creo, he soñado que yo sola regresaba al lugar para buscar algunos recuerdos. Era un sueño un poco angustioso, es decir, me sentía observada, seguida… Era un poco… un poco *thriller. (Sonríe).*

T: Mmm. Y escribir, describir de modo más detallado…

P: Sí, lo he conseguido, pero he tenido necesidad de estar sola.

T: ¡Ah, te creo!

P: Lo hacía cuando mi marido se iba a trabajar. Yo me levantaba un poco antes y pasaba mi media horita…

T: Escribiendo.

P: Sí, sola en casa.

T: Bien.

P: Casi siempre por la mañana; si no podía lo hacía por la noche, pero siempre procurando que él no estuviera… Solo ayer estuvo en casa. Escribía pero yo estaba en otra habitación.

T: ¿Y al escribir tus sensaciones han seguido siendo terribles o has empezado a distanciarte un poco de los hechos?

P: No, un poco menos. Ha surgido la rabia que antes no percibía… antes era más vergüenza, turbación, malestar. En la última semana ha aparecido una rabia que nunca antes había sentido. Sí, en relación con las otras dos semanas ha ido un poco mejor.

T: Mmm. ¿Rabia contra el destino, contra el buen Dios si existe o contra la persona?

P: Contra la persona. Un poco contra todo pero concretamente contra él… nunca la había experimentado. Antes era más… sentía pena, piedad… no sé, sentía muchas cosas…

T: Piedad cristiana, pobrecillo…

P: Tal vez se sienta mal, tal vez tenga miedo, no sé, una sensación extraña…

T: En cambio esta vez, pobrecillo ¡y un cuerno!… Deberías darle de…

P: Exacto, debería darle de bofetadas. *(Sonríe).*

T: Más que bofetadas, ¡con la maza!

P: Exacto.

T: Esta es una respuesta muy sana, estamos satisfechos. Y desde que empezaste a tener esta sensación, ¿qué efectos ha tenido?

p: Bueno… es que, digamos que un poco menos nerviosa por mis asuntos. Solía sentir ansiedad, ira, y la ansiedad prácticamente ha desaparecido.

t: Bien.

p: Sí, a veces me despertaba por la mañana y sentía una fuerte ansiedad o llegaba al final del día por la noche y quería… no sé… esperaba el momento de escribir y la tenía todo el día… En cambio, esta vez la ansiedad ha disminuido un poco. Admito que siempre estoy un poco tensa, en general, pero tal vez ahora esté un poco mejor. Me refiero al hecho de no preguntármelo… porque normalmente me escucho mucho, me examino constantemente y estos días he aflojado un poco; deduzco que tal vez esté un poco mejor.

t: ¡Ya! Diría que sí. ¿Las personas a tu alrededor han notado este cambio o solo lo has notado tú?

p: Bueno, la verdad es que no hay mucha gente a mi alrededor. Las familias están lejos y aquí no tenemos amigos… así que somos mi marido y yo… tal vez él un poco sí. Últimamente no hay intimidad, a mí me cuesta escribir y tener intimidad con él… estamos un poco distanciados.

t: Ah, bien. ¿Y por qué motivo te cuesta tener intimidad con él si se puede saber…?

p: Mmm… bueno…

t: ¿No sientes deseo?

p: No. Últimamente, no sé si hay alguna relación, pero al escribir así… he perdido un poco el deseo.

t: Está claro, porque estás pasando por ese infierno… y ese infierno tiene que ver con tu sexualidad, aunque en aquella época no eras tú desde luego la que deseabas ciertas cosas. Pero está claro que hay una conexión y por tanto es evidente que al volver a revivir aquella mala experiencia del abuso está claro que en este momento la búsqueda del placer erótico por tu parte se ha congelado… Es evidente… estás procesando.

P: Bueno. Ya es algo.

T: Sí, estás pasando por ese infierno para salir de él. Bien, muy bien. Y la angustia que te trajo hasta aquí ¿sigue presente durante el día o estás más tranquila?

P: Estoy más tranquila, sí, me siento más tranquila. Hay momentos en los que siento… más que ansiedad, rabia… siento una rabia tremenda.

T: Ya dijimos que esta rabia era totalmente legítima.

P: Exacto. Me entra un arrebato de ira… entonces me aíslo y me relajo… me relajo, mmm, se me pasa…

T: ¿Has vuelto a verle?

P: Sí, de mayor sí, de vez en cuando lo veía en el pueblo pero se acabó. Pedí en casa no participar en comidas o cenas de grupo…

T: … Para no verle.

P: Exacto… Ahora que lo pienso es un poco raro que yo no fuese y él sí… *(Sonríe)*. Bueno…

T: ¡Es un poco raro ahora que lo pienso! *(Riendo)*.

P: Sí… yo me quedaba sola en casa…

T: Ya, y nadie lo entendía, todos pensaban que la rara eras tú.

P: Sí, sí, mi familia siempre pensó que «bueno, solo había cinco años de diferencia, era un juego»… Esto es lo que me dijeron.

T: Bueno, es su manera de redimensionar el asunto.

P: Sí, es eso.

T: Es la manera que ellos tienen de sufrir menos; digamos que es su autoengaño.

P: Sí.

T: Quizá también fue su límite contigo, en cierto modo. Para proyectar el asunto tratando de hacerte sufrir menos a ti, desde su punto de vista, y sufrir menos ellos, no te comprendieron. Con las mejores intenciones produjeron los peores efectos.

P: Sí, seguramente.

T: Bien, estás trabajando muy bien. Pero no se ha acabado, es solo el principio del fin; tienes que seguir escribiendo tu novela terrible de los hechos y nosotros tendremos que continuar hasta que la rabia se convierta en distanciamiento.

P: De acuerdo.

T: El hecho de que hayas pasado del dolor a la rabia es muy buena señal… ahora tenemos que pasar al distanciamiento emocional para situar este feo asunto finalmente en tu pasado, librarte de él y, por tanto, poder interpretar la vida como protagonista y no como víctima de los hechos, ¿de acuerdo?

P: Sí. Pero yo sigo con la idea de volver allí. ¿Puede ser sano o no?

T: Bueno, tarde o temprano tendrás que volver y tarde o temprano deberás mirar de frente a esa persona y no hace falta que digas cuánto daño te ha hecho. Lo importante es que sepas mirarle a los ojos hasta que sea él quien baje la vista. Tarde o temprano deberás hacer el necesario rito de paso.

P: Vale.

T: En tu interior tienes una respuesta sana, ¿de acuerdo? Pero tienes que hacerlo cuando te veas capaz. No se va a la guerra sin combatir… De lo contrario es un suicidio. ¿De acuerdo?

P: Sí.

T: Escribe, escribe, escribe. Cuando hayas terminado nos lo entregas todo, nosotros lo guardaremos. ¿De acuerdo?
P: De acuerdo.

Durante la terapia, otras tres sesiones, la paciente fue capaz de eliminar incluso la rabia y de librarse por fin del pesado fardo de su pasado superando, como rito de paso, la prueba del enfrentamiento victorioso con su abusador juvenil. Gracias a todo esto su vida sexual también pudo expresarse libre y satisfactoriamente. Se dice que «solo es derrotado el que se rinde», aunque para no rendirse no es suficiente un valor inconsciente, sino que es indispensable aprender a luchar y a desarrollar la confianza en los propios recursos. Este es el deber de una buena psicoterapia.

Danzar con el suicidio: el delirio lúcido

El caso cuyas primeras cuatro sesiones transcribimos a continuación es un ejemplo asombroso de contradelirio que podemos definir como existencial-filosófico porque está basado en un aparentemente lúcido y profundo análisis filosófico del sentido de la vida y del suicidio como liberación, huida o acto heroico, todo ello a base de paradojas y contraparadojas, provocaciones sugerentes y acogida empática: una auténtica danza al borde del precipicio.

M: Acudimos a usted, profesor, por mi hija, porque creo que necesita ayuda. Se le diagnosticó una depresión importante. Hace ya tres años que este problema se manifestó abiertamente y tuvimos que recurrir a un tratamiento farmacológico para poder contener su, digamos, deseo de hacerse daño, que por suerte fue contenido. Hace poco le ha ocurrido una desgracia a una persona muy cercana a ella: un amigo íntimo ha muerto en circunstancias dramáticas hace tres semanas…

P: Puedes decirlo…

M: Sí.

P: Se suicidó.

M: Se suicidó y ella recibió un mensaje de texto de esta persona que dio ese paso… quiero decir una gran carga, la familia no sabe que fue un suicidio, lo sabe ella y algunas personas más. Y este suceso la ha hecho retroceder mucho más, y al ver que tiene estos altibajos que luego ella explicará mejor, que no sabe qué hacer con esta vida, antes de que… necesitamos que alguien nos ayude a recuperarla y, en definitiva, hacerle ver la importancia de la vida, es esto…

T: De acuerdo, perdonadme, ¿hasta ahora solo ha hecho terapias farmacológicas o también alguna terapia psicológica?

P: Hice terapia con una psicóloga especialista del área de salud mental de mi centro sanitario, pero no me iba muy bien, de modo que pasé a otra y luego a otra, que me ayudó a recuperarme; durante un tiempo estuve bastante bien… luego, cuando necesité de nuevo ayuda, porque desde septiembre vuelvo a estar mal, contacté de nuevo con ella e hice algunas sesiones repartidas a lo largo de unos meses. Cuando finalmente le dije que las ideas persistían me contestó que interrumpiera el tratamiento con ella, que no podía continuar si no hacía una cura farmacológica y si yo no tenía intención de curarme, y esto, lo sé, es un principio que ella puede citar…

T: Bien, bien, de acuerdo. ¿Con esta colega solo hablabais o también te recetaba algo?

P: No, solo hablábamos.

T: Bien, ¿y después de imponerte esta regla seguiste con ella o no seguiste?

P: No, no seguí.

T: ¿Actualmente estás tomando medicamentos o ya no los tomas?

P: Sí, los tomo.

T: Si te preguntara qué debería cambiar en tu vida para poderme decir «gracias, he resuelto mis problemas», ¿qué me responderías?

P: No tengo ni idea. Sinceramente, al fin y al cabo mi vida funciona bastante bien. Solo que… no me importa nada.

T: De acuerdo, ¿a qué te dedicas?

P: Estudio Ciencias Políticas y Derechos Humanos; además dibujo… estudié arte en el instituto, me gusta la música, cuido a mis dos perros, tengo muchos amigos… que también he recuperado recientemente, he resuelto algunas cuestiones que en su momento me dolieron…

T: ¿Tienes una relación o no la tienes?

P: La he tenido, la persona que murió era…

T: Ah es esta, ¿o sea que no era solo un amigo?

P: Lo fue… Estuvimos saliendo un tiempo, luego nos separamos y nos estábamos acercando de nuevo en plan de amigos pero… bueno…

T: No era solo una amistad.

P: No.

T: ¿Y en cierto modo crees que no hiciste nada por él o consideras que no podías hacer nada por él?

P: Siento que me equivoqué al elegir y nada, lo herí… demasiado profundamente.

T: ¿Puedo saber cuál es la elección de la que te acusas?

P: Tenía que elegir entre la persona con la que estaba saliendo y él y elegí a la persona con la que estaba saliendo, aunque era evidente que era un desgraciado… como luego resultó ser…

T: ¿Así que crees que te equivocaste al elegir?

P: Sí, porque sabía que, si elegía a la persona que después elegí, J., que era mi amigo, el que ha muerto, haría lo que hizo, aunque me escudé en la idea de «sí, lo ha dicho muchas veces pero no lo hará nunca…». Y sin embargo…

T: ¿Quién te dijo «que no lo haría nunca»?

P: El otro… y me convencí de que, efectivamente, no lo haría.

T: De acuerdo, pero y disculpa que te lo pregunte, ¿tu ex, que era amigo, te … te había amenazado con que si no le elegías a él se suicidaba?

P: No, pero… sabía que no estaba bien y que yo era el único apoyo que le quedaba. Como yo también he estado mal, sé lo que quiere decir necesitar a una persona, y yo me distancié en el momento en que él más lo necesitaba. Al margen del hecho de que no fue él quien me dijo que tenía que elegir, sino el otro. Era una situación que duraba meses, prácticamente desde que J. y yo lo dejamos. De hecho, yo también estaba bastante destrozada; era un estrés para todos; luego se acumuló más estrés porque parecía que estaba enfermo, aunque afortunadamente no tenía nada, y la última gota que colmó el vaso…

T: Bien, ¿en este momento te sientes culpable por lo que sucedió?

P: Más que culpable, me parece una muerte estúpida, porque podía muy bien… es decir, si me hubiera dado cuenta antes, ahora él estaría aquí.

T: O sea, ¿te sientes culpable por no haberte dado cuenta antes?

P: Mmm.

T: Pero ¿crees que es justo cargarle a una persona la responsabilidad del «o estás conmigo o me suicido»?

P: No fue exactamente así. Yo era totalmente libre de escoger y él también lo era…

T: Sí, pero al parecer…

P: Si él hubiese esperado dos horas más probablemente le habría escrito, sabía que no resistiría. Muchas veces me impuso eso.

T: Sí, pero él te situó frente a una decisión, luego decidió por sí mismo y te dejó a ti el peso de la responsabilidad.

P: Porque sabía que yo le seguía. Siempre se lo dije. Si uno de los tres moría, la tercera persona, J. o yo, los otros dos le seguirían. Si moría J., moriríamos el otro y yo; si moría yo, morirían los dos; si moría N., tal vez yo seguiría con vida y él también. Tal vez era la mejor elección.

T: Por tanto, ¿teníamos que matar a N.?

P: Tal vez hubiera sido lo mejor, puesto que también fue culpa suya que J. hiciese lo que hizo.

T: ¿Por qué dices eso?

P: Porque lo estresó sobremanera, era una mala persona.

T: ¿Cómo le estresó?

P: Le mandaba mensajes provocadores, lo insultaba; aun sabiendo que esta persona me importaba seguía diciéndome que no lo viera y que no le escribiera como amigo, porque era un amigo. Mis padres saben que esta persona me necesitaba y yo no podía dejarlo solo. Era un amigo. Insistió tanto que al final decidí cortar con N. y volver a ver a J., pero luego cambié de opinión. Un error.

T: Bien, pero, en tu opinión ¿se puede decidir estar con una persona solo porque nos necesita, o se puede decidir no estar con ella solo porque nos necesita? Tenemos que decidir por qué nos gusta estar con esa persona.

P: A mí me gustaba estar con él y además tenía la excusa de «me necesita» para poder decir: «Mira, no puedo dejarlo porque…»

T: Y entonces ¿por qué estabas con N.?

P: Buena pregunta. Porque suelo idealizar demasiado la cosa… buscar el amor perfecto…

T: Bien, pero si lo idealizaste quiere decir que en aquel momento N. te daba más.

P: En realidad era yo la que daba más, es decir yo…

T: De acuerdo, eras tú la que dabas más, pero dabas más a N. y no al otro. Por tanto, en aquel momento para ti la parte de N. era la parte más importante.

P: Pero en el momento en que me hizo escoger entre él y el otro, ya no fue la parte más importante.

T: Vale, pero si tú estás con una persona que duda entre tú y otro exnovio necesitado, ¿tú qué le dices: «Bravo, me alegro» o «tienes que elegir entre yo y él»?

P: Sinceramente, no me interesa, nunca me ha interesado nada. También N. se equivocó en esta situación.

T: Pero no has contestado a mi pregunta. Has esquivado mi pregunta.

P: No. Yo lo habría dejado.

T: Bien, ¿entonces por qué te dejaste presionar si creías que era injusto?

P: Porque fui una estúpida.

T: Vale, bien, por tanto tu culpa es haber sido estúpida, de modo que no es él el culpable.

P: Sí.

T: Ahora voy a hacerte una pregunta que te va a doler, pero tengo que hacértela. ¿Crees que una persona que se mata si la rechazas es digna de ti o no lo es? Tengo pañuelos, toma…

P: Debe de ser una cosa frecuente, si tiene hasta pañuelos.

T: Sí, tengo toneladas. A ver, ¿es digna de ti o no una persona que se mata si la rechazas y te condena a ser la culpable?

P: Sí.

T: ¿Es digna de ti? ¿Cómo es eso?

P: Tiene razón, es culpa mía.

T: Perdona, pero si adoptamos otro punto de vista la culpa es suya por no haber conseguido ser suficientemente deseable como para que decidieras estar con él y no con el otro. Tal vez esta perspectiva no la has considerado nunca.

P: *(Niega con la cabeza).*

P: Solo había una pequeña diferencia.

T: ¿Cuál?

P: Medidas.

T: ¿Qué quieres decir?

P: Medidas.

T: ¿Concretamente?

P: Prestaciones.

T: Vale. Bien, ¿y te parece pequeña?

P: Es una tontería.

T: Sí, pero ¿te parece pequeña? ¿Una pequeña diferencia?

P: No.

T: Justamente. Por tanto no es pequeña.

P: Sí, pero en cualquier caso es una tontería.

T: Sí, pero al parecer uno no conseguía ser mejor que el otro.

P: Pero el otro tampoco.

T: Sí, pero ¿por qué has dicho que había una diferencia de medidas y de prestaciones? Significa que eso para ti era importante.

P: Sí, pero no me importa, quiero decir, que ya no me importaba nada y pensaba en morir; por tanto, era, como si dijésemos, un pasatiempo… Además, estoy mejor porque siempre estoy mal en invierno y bien en verano, y cuando estoy mejor puedo pensar con claridad; ahora sería el momento de ponerme a pensar seriamente en algo.

T: Mmm. Bien, pero te repito la pregunta: si una persona no consigue atraerte tanto como otra…

P: Lo cierto es que ninguno lo consigue.

T: He dicho «si una persona no consigue atraerte tanto como la otra y como perdedor en este reto se mata, y te condena a ser tú la culpable», ¿te parece digno de atención?

P: Sí, entendió cuál es el camino.

T: Sííí, es muy noble, ¿no? En sus intenciones.

P: No, fue estúpido porque…

T: Estupendo, así que solo es estúpido, bien.

P: Sin embargo, murió igualmente.

T: Es cualquier cosa menos noble. De acuerdo. Lo decidió él y no lo decidiste tú.

P: Yo decidí por mí.

T: Exacto, y él decidió por sí mismo.

P: Sí, pero yo también he de tener la libertad de poder escoger por mí misma.

T: Es una libertad que nadie puede quitarnos.

P: Exacto.

T: Solo una: matarse o no matarse. Esta es la única libertad que nos queda. Él decidió suicidarse y tú no puedes hacerte responsable de ello; lo hizo él, lo decidió él. Y lo que he de decirte y debería hacerte reaccionar es que él hizo una cosa y te culpabilizó a ti.

P: Yo no culpabilizaré a nadie.

T: No es cierto. Cada vez que una persona se mata hace responsables a las personas que la quieren por no haber sido capaces de ayudarla, como te ocurre a ti ahora.

P: Paciencia, paciencia. Yo no tengo remordimientos por no haberle ayudado, sino porque se fue sin mí.

T: Ah, bueno. ¿Y por qué no participaste?

P: Yo también tenía que irme.

T: ¿Y por qué no lo hiciste con él?

P: Porque no quería que yo muriese.

T: Tal vez estabas ocupada en otras cosas mucho más simples y materiales.

P: No, simplemente porque estaba dormida. Me habían presionado durante cuatro horas. Estaba cansada.

T: ¿Cuatro horas presionada por quién?

P: Por los dos. Principalmente por N. Seguía diciéndome que… la verdad… que lo pensara bien… después se ha revelado como el monstruo que es.

T: ¿Qué tipo de monstruo ha resultado ser?

P: Uno que te dice: «hagamos como si nunca hubiese existido». Al fin y al cabo está muerto. Que le dijo muchas veces que se matara. J. era sensible pese a ser grande y grueso.

T: Por tanto, ¿qué piensas ahora? Si no he entendido mal lo que le has dicho a tu madre es que tú has de hacer lo mismo sin responsabilizar a nadie.

P: No, yo haré lo mismo independientemente de si alguien se siente responsable, porque creo que una vez muertos no hay nada.

T: ¿Y por qué quieres hacerlo?

P: Porque ya es suficiente, estoy bien así… He dado, he recibido, he hecho, he deshecho… Ya es suficiente.

T: ¿O sea que no tienes nada más que hacer en esta vida?

P: No.

T: ¿Y ya has decidido cómo lo harás? Porque hay que hacerlo bien…

P: Del mismo modo.

T: ¿Cómo lo hizo él?

P: Ciento ochenta por hora contra un árbol.

T: Se salvan incluso a 300 por hora. Depende de cómo choques. Tienes que darle de lleno.

P: Sí.

T: Hace falta cierto valor para hacerlo.

P: Veinte segundos.

T: Pero hace falta ese valor durante veinte segundos.

P: Puedo tenerlo. Ya lo he tenido. Me detuvo.

T: ¿Quién te detuvo?

P: N.

T: Ah ¿y lo hiciste delante de él?

P: Quería que se bajase.

T: Mmm, me parece muy revelador, muy poco real. Si se hace, se hace.

P: Lo sé, pero yo no quería llevármelo a él también.

T: Ah, pues entonces se hace solo, no se hace con él.

P: Justamente, por esto quería dejarle en algún lado. Desgraciadamente hicieron que me siguiera a todas partes, y por tanto…

T: Ah, ellos hicieron que N. te siguiera a todas partes. Si no recuerdo mal era tu novio ¿no?

P: No, en aquella época ya no. Lo dejamos el 9 de febrero y el suicidio fue el 23 de marzo.

T: Bien *(Dirigiéndose a los padres)* ¿y ustedes qué están haciendo para gestionar esta situación?

M: Procuramos estar con ella, no dejarla sola si es posible, no dejarla salir con mi coche, el coche más grande y…

PAD: Coche grande o pequeño da igual.

M: Procuramos estar ahí, o sea, quedar… ahora vuelve a la universidad así que se va en tren por la mañana y yo quería que cada hora, cada dos horas me enviase un mensaje para saber cómo estaba, dónde estaba. Mientras está en la universidad también está N., porque van al mismo curso y la conoce. Suele acompañarla hasta el tren así que… esto…

T: Así que una vigilancia especial.

M: Sí, yo también cojo uno.

T: Sí, por favor, están para esto.

M: *(Coge un pañuelo)*. También pensé que… en fin, que como decía que el peor momento era por la tarde cuando ya no recibe los mensajes de J., tener algo que hacer, no sé. Un día va a casa de la abuela, otro a casa de una amiga, en fin en este momento siempre tiene la agenda llena, alguien que la mantenga ocupada, si no es la universidad es otra cosa. Esto es lo que hacemos de momento y también estamos buscando a alguien que nos ayude porque… hemos hablado con un sacerdote al que conocemos desde hace tiempo, viene a casa, pero esta es una tecla un poco difícil porque ella no es creyente, en cualquier caso, él es una persona creyente y un filósofo y sabe responder a sus observaciones más de lo que podemos hacerlo yo o mi marido.

T: ¿Sales con gente o te has aislado?

P: No, veo a muchas personas, tardes, mañanas, noches, hablamos…

T: ¿Y de qué hablas con ellas?

P: De las cosas que pasan…

T: De lo que hemos hablado aquí hablas con los demás, o bien…

P: Sí, un poco… creo que ahora ya se lo he dicho a todos; hay tres personas con las que especialmente…

T: Pero has dicho que nadie sabe lo que ocurrió, ¿no?

P: Algunos saben parte, alguno sabe alguna cosa, pero que lo sepan realmente todo solo somos N. y yo, porque somos los que vieron… A mí me mandó un mensaje y a N. le envió: «Cuida de ella».

T: Bien, o sea que os dejó una buena herencia a todos.

M: También la responsabilidad, profesor, de que los padres no saben… ¿qué haces? ¿Se lo dices o no se lo dices?

T: Vosotros creéis que los padres están más contentos así o estarían más contentos si supiesen que hizo lo que hizo…

M: Yo creo que así… pero este peso… que yo si fuese ellos querría saberlo, si fuese ellos, pero ignorando el hecho…

T: A la hora de saber lo que le ocurre a un hijo los padres son los mejores para engañarse y no ver lo que todos los demás ven. Un padre es el último en darse cuenta de que su hijo se droga porque no quiere verlo. Así que…

M: En efecto, nosotros también, con respecto a G., hace tres años… ella dice que desde siempre es así pero nosotros nunca nos dimos cuenta.

T: Mmm. ¿O sea que ya eras así incluso antes de que ocurriera esto?

P: Más o menos. Antes no sabía muy bien cómo, ahora tengo una pista que seguir. Tengo un motivo más sólido que el que tenía antes.

T: Mira, un autor que me gusta mucho, Hermann Hesse, escribió un libro llamado *El lobo estepario,* no sé si lo has leído.

P: No.

T: El protagonista es una persona que no vive bien, que no se encuentra a gusto en este mundo y decide que lo mejor es suicidarse; decide el día, el año, planifica que se suicidará cuando cumpla cincuenta años. Lo planifica todo, todo está organizado. Y como ya lo tiene todo planificado, vive, se dedica a vivir como no hacía antes. Hasta que decide que esa decisión la tomó como una forma de conseguir vivir. Así que podrías planificar tu suicidio para el futuro y mientras tanto arriesgarte a vivir.

P: ¿Por qué?

T: Porque como la única libertad que nos queda es el suicidio, mientras tanto podemos arriesgarnos a ver si la vida nos gusta; has vivido muy poco tiempo para saberlo.

P: ¡No puede ir mejor de lo que va!

T: ¿Solo porque hasta ahora has estado atrapada en situaciones patógenas?

P: No, porque ya es suficiente.

T: ¿Y quién te dice que no podrías descubrir alguna cosa que está mejor?

P: No lo creo, he hecho de todo.

T: No creas. ¿Cómo sabes que has hecho de todo? ¿Cuántos años tienes?

P: Veintidós.

T: Voy a revelarte un secreto. Cuando tenía más o menos tu edad, leyendo a Herman Hesse yo también tomé la decisión de suicidarme a los cincuenta años. Elegí el día, la fecha… de mi cumpleaños, ahora tengo cincuenta y cuatro años, pero simplemente porque una vez elegida una fecha, un momento, luego se puede correr el riesgo de vivir la vida y tal vez se puede incluso comprobar…

P: ¿Le puedo preguntar una cosa?

T: Sí.

P: ¿Y estos cuatro años de más habrán tenido algún significado si muere mañana?

T: Sí, porque he estado muy bien, porque he vivido intensamente cada instante y es lo que pretendo hacer.

P: Bravo por usted, sinceramente.

T: Es algo que quiero transmitirte, no quiero ironía.

P: Tiempo perdido.

T: Estoy acostumbrado a oír esto.

P: Lo sé, por eso lo he dicho.

T: Mmm, bien... A ver... si quieres hacerte daño nadie te lo puede impedir. Como le ocurrió a tu ex. Pero se puede pensar que como es la única libertad que nos queda, podemos hacerlo en cualquier momento. Por tanto, quizá valga la pena correr antes el riesgo de hacer que nuestra vida sea feliz.

P: ¿Para hacer qué?

T: No puedo darte respuestas porque serían todas inútiles. Eso solo lo sabrás tú.

P: Mire, en cualquier caso, moriremos, ¿no? Qué más da... Morir antes o después no tiene sentido, es más...

T: Desde un punto de vista filosófico estoy de acuerdo... todo el movimiento existencialista del siglo pasado partió de esta premisa: se nace para morir, luego lo más razonable es suicidarse. Albert Camus, en *El mito de Sísifo,* rompe con esta tradición existencialista demostrando que, puesto que podemos suicidarnos, que es lo más razonable, vale la pena vivir la vida lo más intensamente posible.

P: ¿Por qué?

T: Porque se puede morir un instante después.

P: ¿Y por tanto?

T: Y por tanto vale la pena vivir intensamente.

P: Pero una vez muerto no eres nada.

T: Polvo en el polvo.

P: Exacto. Por tanto, no tiene sentido. Si muero en este momento ya no me importa nada de lo que he hecho.

T: Tienes razón, en realidad. La visión tardocatólica te diría «importa lo que has hecho», pero si tú excluyes la visión del más allá ya no importa lo que has hecho, sino lo que haces, lo que vives en el momento. De modo que si vuelves al punto de vista de que «importa lo que vives en el momento», cada momento que vives es un don.

P: Pero yo ya estoy bien así.

T: Esta es tu postura rígida.

P: Sí.

T: Bien, te lo repito: si quieres hacerte daño nadie te lo impedirá. Pero siempre puedes arriesgarte a descubrir que en la vida hay algo hermoso que todavía no has visto.

P: Seguramente lo haya y yo no quiero verlo.

T: Ah, correcto, ¿y por qué?

P: Porque no quiero.

T: Esto es interesante. ¿Por qué no quieres ver las cosas hermosas que hay en la vida?

P: Porque de todos modos tendré que dejarlas cuando me muera.

T: Ah, mira… luego básicamente eres una miedica.

P: Sí.

T: Vaya, así que de heroica nada ¿eh? Eres una miedica.

P: Yo nunca he hablado de heroísmo ni de nada parecido. He tomado decisiones por mi cuenta. Es más, no es casual que con frecuencia los suicidas sean considerados cobardes. Yo también me considero cobarde, igual que J. Murió porque tenía miedo del mañana.

T: Lo que me has dicho me anima, ¿sabes por qué? Porque no estoy frente a una heroína que puede suicidarse, sino frente a una persona que tiene miedo, y quien tiene miedo no se suicida. *(Pausa)*. Así que estamos ante una miedica de categoría, ¿vale? Yo siento un enorme respeto por el que se suicida con valor y siento un enorme desprecio hacia el que lo hace por otros motivos. Pero en cualquier caso, para hacerlo hay que ser muy valiente y decidido o estar muy mal de la cabeza en ese momento. Como no me parece que puedas estar tan mal de la cabeza y tampoco eres valiente, bueno, me tranquilizo. *(Pausa)*. Pero me gustaría que pensases en lo que te he dicho. *(Pausa)*. Bien, creo que ya he dicho bastante por hoy, ¿vale? Volvemos a vernos dentro de dos semanas, seguid haciendo todo lo que hacéis, ¿de acuerdo? Bien. *(Pausa)*. Creo que no os puedo sugerir otra cosa ahora, además de lo que he intentado hacer con ella. Toma, te los regalo (los pañuelos).

P: No, yo también tengo un paquete.

Segunda sesión

La paciente entra con el padre.

T: Y bien, ¿cómo ha ido?

P: Como siempre… altibajos, el miércoles estuve un poco mal, ayer un poco mejor…

T: ¿Pero has hecho lo que te pedimos o te has olvidado?

P: Básicamente ¿qué tenía que hacer?

T: Te dije que pensaras en lo que hablamos, ¿lo has pensado?

P: ¡Ah sí!

T: Si lo recuerdas, hablamos de planificar el suicidio. En el caso del protagonista de la novela *El lobo estepario,* el hecho de planificar el suicidio para arriesgarse luego a vivir. ¿Has pensado en esta…?

P: Mi problema no es solo el suicidio: mi problema es justamente vivir.

T: Buena respuesta, no es el suicidio, es vivir. Y has empezado a pensar de nuevo en este sentido o esperabas hablar de ello hoy…

P: No, he empezado a pensar también por mi cuenta que tal vez se puede dar un sentido… aunque pienso que no tiene sentido, si los demás creen que lo tiene, porque si le digo a una persona: «¿La vida tiene sentido?», por lo general responde que sí, aunque luego no sabe explicarme por qué y cuál… así que o alguien consigue mostrarme este sentido de alguna manera o no sé… ¿tengo que ayudar yo a estas personas a encontrar un sentido? Pero si ya tienen su sentido, en realidad ¿qué sentido tendría ayudar a personas que ya tienen un sentido?

T: No está mal, a encontrar otro sentido… En estos días has comprobado rápidamente una cosa importante, el problema no es planificar el suicidio, sino planificar una vida feliz.

P: No, yo no quiero planificar una vida feliz, yo justamente no quiero vivir, ni siquiera habría querido nacer.

T: De acuerdo, de hecho tú no elegiste nacer.

P: Justamente por eso tengo que poner remedio a una cosa que considero errónea.

T: Pero tú has dicho, hace apenas unos minutos, que no has pensado en cómo planificar el suicidio, en que has de planificar cómo vivir.

P: No, el suicidio ya lo he planificado y lo puedo llevar a cabo cuando quiera, como ya habíamos dicho. El problema es que yo no quiero vivir, no es que no quiera planificar mi vida: no quiero vivir. Quiero un plan para no vivir y no ser consciente de ello, de modo que he de morir.

T: Mmm, pero has dicho ahora, dar un sentido a la vida de los demás tendría un sentido.

P: Para ellos tal vez, pero lo que mueve a los seres humanos es que si se convencen de que una cosa funciona, es decir, si le pregunto a alguien «¿para ti la vida tiene sentido?» y me dice «sí, mi vida tiene un sentido porque bla, bla, bla» es porque lo cree y no porque realmente lo tenga porque por sí mismo no tendría sentido.

T: Mira, «todo lo que se cree existe», según Hugo von Hofmannsthal. Pero también es verdad que nosotros nos inventamos cosas en las que creer.

P: Cierto, aunque una vez sabes que una cosa es inventada es difícil ponerla en práctica como antes.

T: ¿Crees que hay algo en nuestra vida que no sea inventado?

P: El hecho de que debamos vivir… o sea, reproducirnos y morir no es inventado. El hecho de que debamos comer para seguir viviendo no es inventado. En general, todo lo que está relacionado con…

T: Mira, Shakespeare te diría: «¿Soñamos que vivimos o vivimos soñando?»

P: Pero Shakespeare está bajo tierra.

T: Tienes razón, pero él no sabe si vivió o si solo soñó que vivía.

P: Ni siquiera sabemos si existió o si lo inventamos nosotros.

T: Muy bien. Esto mismo vale para todo. ¿Giorgio Nardone existe o sueña que existe?

P: Yo diría que existe porque ha de realizar acciones para seguir existiendo.

T: Pero puede ser que todos nos inventemos esta cosa y la veamos.

P: Bien, pues dejemos de comer y a ver si dentro de un mes podemos volver a vernos.

T: Mmm, si lo consiguieras sería un acto heroico, porque ser capaz de estar sin comer ni beber es un acto heroico.

P: Ya lo he hecho, puedo seguir haciéndolo.

T: Mmm. ¿Hasta dónde llegaste?

P: Hasta que me cogieron y me llevaron a un sitio.

T: Así que no hay nada que no hayamos inventado o que sigamos inventando. Incluso lo que creemos real, concreto, como comer o no comer, también depende de nuestras invenciones.

P: No estoy de acucrdo.

T: Pero tu dilema es «no me parece bien vivir después de lo que ha pasado».

P: No, no me parece justo vivir al margen de esto.

T: ¿De modo que no tiene nada que ver con lo que ha ocurrido?

P: No, es solo una excusa para actuar...

T: Ah, esto nos gusta.

PAD: Mmm, el hecho de venir aquí ha sido un agravante en la situación; la situación ya era así antes.

T: ¿O sea que siempre has pensado que vivir era injusto? ¿Desde niña?

P: Más que un razonamiento injusto o equivocado era... no encajaba...

T: Mmm, bien, pero hoy estás diciendo que todo lo que nos contaste la otra vez, el mensaje de tu ex que se suicidó, no cuenta para nada.

P: Más que no contar para nada me hace abrir los ojos sobre la inutilidad de su existencia.

T: Ah, entonces ¿cómo ves sin ese episodio...?

P: Habría seguido pensando así; probablemente habría estado bien un mes y luego mal porque al final es así...

T: O sea que aquel episodio no fue más que lluvia sobre mojado.

P: Mmm, prácticamente sí porque ponía en evidencia... la exactitud de mi razonamiento.

T: De acuerdo, o sea que es algo que pertenece al pasado.

P: De vez en cuando pienso en ello, pero efectivamente también he tenido este pensamiento. No es que cuando él vivía yo estuviese bien; estaría igual aunque volviese... oh

Dios, si volviese tendría que cuestionarlo todo otra vez y tal vez efectivamente tendría alguna posibilidad de estar bien.

T: ¡Ah!

P: Pero el hecho de que no esté estaba calculado. Es decir, también estaba mal antes, exactamente así.

T: Mmm, por tanto, ¿ese episodio solo te ha hecho abrir los ojos más rápidamente?

P: Sí, un acelerador.

T: Mmm. ¿Has discutido contigo misma cómo planificar el modo y la fecha de tu suicidio?

P: El modo y el lugar sí.

T: ¿Y la fecha?

P: Tenía una fecha y la dejé pasar, la tenía y la dejé pasar, la tenía y la dejé pasar…

T: ¿Así que estás siguiendo las indicaciones de los sabios: «Como puedes hacerlo en cualquier momento, aplázalo»?

P: No, más bien es que alguien me detenía.

T: ¿Y en estos días no lo aplazaste porque decidieras aplazarlo, sino porque había alguien que te lo impedía?

P: Sí.

T: Así que, si hubieses estado sola…

P: No estaría aquí ahora.

T: O estarías de otro modo.

P: No, no creo.

T: *(Dirigiéndose al padre).* ¿Habéis estado con ella?

PAD: Sí, bastante, más mi mujer. Además, en algunos momentos resulta intratable… pero habíamos intentado llamarle porque G… difícilmente cambia de idea, como decía usted tal vez uno se construye un sueño y se aferra a cualquier cosa, y ella decía: «Me gustaría que alguien me diese ese punto de apoyo».

T: ¿Esto a quién se lo dijiste?

p: Yo dije: «Si alguien me hace ver el sentido...».

PAD: Intentamos discutir con ella, pero cada vez que hablamos llegamos al punto de «no tiene sentido, no tiene sentido, desde que nací nada tiene sentido».

T: Bien, recuerdas que el otro día llegamos a un punto en el que te dije: «Hemos descubierto que eres una miedica».

p: Sí, de acuerdo, casi siempre soy una miedica. Si ahora me invita a tirarme por la terraza no puedo; podría hacerlo por desquite, pero no sería lo mismo.

T: Así que eres una miedica.

p: Básicamente sí, excepto en los momentos en que realmente podría pero alguien me detiene.

T: Bien, así que le dijiste a tu padre: «Si alguien me da un sentido, incluso podría replanteármelo».

p: Pero tiene que ser algo realmente importante. Para dar un sentido ha de tener sentido, porque como ya le he dicho antes, si no lo creo...

T: Para tener sentido ha de tener sentido, tienes razón. Pero ¿crees que puede haber alguien más que pueda dar sentido a tu vida?

p: Esta es la cuestión, no lo hay.

T: ¿O solo puedes hacerlo tú?

p: También sé que podría hacerlo yo, pero no quiero hacerlo, porque si lo construyo yo no es ni más ni menos que lo que hacen todos.

T: Si encontrases un sentido te contradirías. Ahora bien, cuando antes hablamos de las ilusiones y los descubrimientos me refería a un aspecto fundamental. Primer punto: nadie puede dar sentido a tu vida a menos que tú quieras ser la primera en encontrar un sentido, y entonces, en la búsqueda, el buscador se encuentra con otros buscadores y puede ocurrir que intercambiando la búsqueda encuentren un sentido más elevado. Pero si uno de los dos se queda esperando que otro le dé un sentido, el sentido no llegará, porque nadie más puede darte el sentido.

P: Lo sé.

T: Bien; nadie te lo puede dar ni queriendo, porque si tú no lo sientes, no tiene sentido. Deberías estar dispuesta a correr el riesgo de sentirlo, un sentido.

P: ¡Lo he intentado!

T: «Lo he intentado». Yo no te conocía, para mí solo cuenta lo que conozco. Yo solo te he visto una vez y esta es la segunda vez que te veo. En la otra sesión, tras un rato de, podríamos llamarlo, escaramuzas, llegamos a decir: «Eres una gran miedica; de lo contrario ya habrías tenido el valor». Hoy decimos: «Bien, veamos si es posible dar un sentido que te inculque la idea de que puedes suicidarte cuando quieras, pero asumiendo el riesgo de dar un sentido a tu vida». Este sentido yo no puedo dártelo porque tú no eres un depósito vacío en el que yo meto una cosa.

P: Pero entonces la primera pregunta que me hizo, la de ¿qué quieres que te dé de esta habitación para que salgas feliz?, no tiene sentido porque, evidentemente, si pido esa única cosa no se puede ser feliz.

T: ¿Qué única cosa?

P: Si yo me hubiera presentado aquí y le hubiera dicho, hipotéticamente en cualquier caso, quiero que me dé un sentido a la vida, no a la mía, sino a la vida en general, usted me habría respondido que nadie puede dar sentido a la vida de otra persona, de modo que lo que estamos haciendo es totalmente inútil ¡porque yo vengo aquí a pedirle una cosa que usted no puede darme!

T: Yo puedo ayudarte a convertirte en el buscador y el descubridor de tu sentido.

P: Pero es que yo no quiero; esto es entrar en una fase de ensoñación, de ilusión.

T: Y yo te decía que todos vivimos en la ilusión, que nadie puede salir de la ilusión. Incluso la ilusión de poder poner fin a esta vida con el suicidio es una ilusión porque tú no sabes lo que habrá en el más allá; nadie lo sabe. También esto es una ilusión.

P: Sí, lo sé. Por eso me siento enjaulada. *(Llora)*.

T: ¿Ves como al final siempre estás de acuerdo conmigo? Sí que lo sabes, te sientes enjaulada, sí. Porque es una ilusión, aunque tú te niegues a aceptarlo, te gustaría pasar así por materialista pero no hay salida. Toma, cariño. *(Le pasa un pañuelo)*. De todos modos, es una ilusión.

P: Y eso me lleva siempre al… maldito el día en que nací porque…

T: No lo elegiste tú, tienes razón, otro eligió traerte al mundo.

P: Es una condena.

T: Pero como la condena ya la tienes, ¿no? Tal vez debas arriesgarte con esta condena a encontrar algo que le dé sentido, como dices tú.

P: No, porque yo soy una persona básicamente mala y no voy a dar la satisfacción de estar aquí a merced de otros o por voluntad de otros. Aun admitiendo que hubiera alguna cosa después, me mataría igualmente solo para no darle a alguien la satisfacción de haberme puesto en el mundo.

T: Y luego perpetuarás, según quién crea una cosa o la otra, el tormento para el futuro.

P: Me alegro, al menos lo habré elegido yo.

T: Deja que te diga entonces —mira, si quieres sé unos cuantos chistes divertidos sobre esto—. Yo siempre digo que si existen el infierno, el purgatorio y el cielo, yo quiero acabar en el infierno, porque al menos encontraré a algunas personas simpáticas y podremos hablar. En el purgatorio están todos haciendo penitencia, ¡qué aburrimiento! En el cielo, todos angelicales, ¡menuda lata! ¿Vale? Bien, estoy de acuerdo contigo. Pero procura elegir el infierno, que está un poco más animado.

P: A mí no me interesa… yo creo que después no hay nada o suponiendo que haya algo que no conozco… en cualquier caso es una decisión que habré tomado yo…

T: Esto también es una ilusión. ¿Qué te crees que eliges, ¡si no sabes qué habrá o qué no habrá!?

P: Entonces, si todo está escrito, si ya está escrita incluso la hora en que moriré…

T: No hay nada escrito, no se sabe nada.

P: No importa. Si yo elijo morir, la decisión es mía, punto.

T: Si es así, ¿por qué no lo has hecho, miedica?

P: Porque me han detenido cuando era el momento oportuno.

T: ¡Y dale! ¡No lo habrías logrado! Lo dijiste el otro día y lo has vuelto a decir hoy.

P: Dígale a mis padres que vuelvan a poner la batería en el coche y luego veremos cuánto tiempo pasa antes de… ¡quiere hacer esta apuesta!

T: Mira, lo peor de todo es tener un accidente, hacerse daño y no morir, sería la peor condena.

P: Yo estoy segura de morir y ya lo comentamos la otra vez. Además, a determinada velocidad y sin cinturón uno muere.

T: Hay muchas excepciones y en cualquier caso ¡también sería una ilusión!

P: ¡No!

T: Sí. ¡Tú no sabes si es el final!

P: No importa si es el final, lo importante es que ha sido una elección mía y ¡esto no es una ilusión!

T: ¿Que es una elección basada en qué?

P: En el hecho de que quiero elegir yo.

T: Y no puedes elegir intentar que tu vida sea un mínimo…

P: No, porque esto es una ilusión. Para elegir esto tengo que elegir convencerme de que hay algo por lo que vale la pena, y estoy convencida de que no lo hay.

T: En toda tu vida, ¿cuántos años han pasado?

P: Veintidós años y sesenta… sesenta y cuatro días.

T: Perfecto, ¿y en esos veintidós años y sesenta y cuatro días no ha habido ni un instante, sensaciones por las que haya valido la pena estar en este mundo? ¿O ha habido algún instante, por mínimo que sea, por el que valía la pena estar en este mundo?

P: ¿Estamos hablando de… cuando tenía la ilusión o la certeza?

T: Todo, una sensación concreta.

P: *(Tras haberlo pensado unos segundos)*. Me resulta difícil pensar…

T: No quieres admitirlo.

P: Es que no consigo encontrar momentos felices.

T: No quieres admitirlo.

P: ¿Qué?

T: El hecho de que, pese a todo, tú también has vivido, has vivido momentos intensos y que han sido sensaciones auténticas y fuertes.

P: ¿Qué sentido tiene si no los recuerdo?

T: No, en este momento no es que no los recuerdes, es que estás haciendo lo imposible por censurarlos.

P: No es cierto, no los tengo.

T: Bien, entonces… Sabes que yo siempre respeto las decisiones heroicas, pero, mientras tanto, querría que hicieses un trabajo para mí. Querría que cogieses un cuaderno, un cuaderno de esos de papel bueno, y que me hicieses una especie de novela de tu vida al revés, desde hoy hacia atrás, explicando todos los episodios más destacados de tu vida, como una novela que se escribe desde el último capítulo y va hacia el primero.

P: El problema es si los recuerdo.

T: Bueno, ya veremos, pero quiero que me escribas la novela de tu vida capítulo a capítulo.

P: De acuerdo, no tardaré mucho. Será bastante corta.

T: Bien, veamos si en estos diez días eres capaz de escribirla. Pero, repito, tienes que empezar por el día de hoy, luego ayer, antes de ayer e ir hacia atrás en el tiempo hasta que consigas recordar y que me escribas, como una excelente narradora, todos los episodios, la trama de tu vida, ¿de acuerdo?

P: De acuerdo.

T: Nos vemos dentro de diez días.

Tercera sesión

La paciente entra sola.

T: Hola.

P: Hola.

T: Siéntate. Y bien, ¿cómo han ido estos días?

P: No muy bien, he… pasado una mala semana. He tenido tres intentos de suicidio y… fracasados evidentemente, y no he estado muy bien, sin embargo ¡he hecho los deberes!

T: Mmm. ¿Has escrito la novela?

P: Sí, novela… sí. Eh…

T: ¿Estos tres intentos los has hecho con «aplazamiento»?

P: El procedimiento de siempre, coche contra un árbol… pero siempre ha habido algo que me impedía coger velocidad, como coches que se interponían, adelantamientos, etcétera…

T: ¿Esta vez estabas sola o acompañada?

P: Estaba sola.

T: ¿Te asustaste lo suficiente?

P: ¡Todavía no!

T: ¡Bien! Vamos a investigar estos tres intentos.

P: Tengo un par de preguntas que se me han ocurrido…

T: Muy bien, hazlas.

P: La primera: ¿cuántos pacientes como yo ha tenido y de cuántos ha sabido qué les pasó al final?

T: ¿Qué quieres decir con qué les pasó? ¿Si se suicidaron? Bueno, hay que tener en cuenta dos cosas. En primer lugar, la clase de problema o de trastorno, de manera que, personas con tu mismo tipo de problema o de trastorno he visto miles. Luego está la variante individual, la que hace que cada caso sea único. De modo que podría decir que he visto miles de personas como tú, aunque tú seas un caso único. Cada caso es una clase de problema o de trastorno pero siempre es un caso único.

P: Y dentro de esta clase o tipo de trastorno, ¿cuántos por término medio acaban sobreviviendo?

T: Si te doy la estadística puede que te sorprendas, pero una de mis mayores satisfacciones es que nunca he tenido un paciente suicida como tú, pero no solo eso: nunca he tenido un paciente suicida.

P: Eso está bien.

T: He tenido tres experiencias de personas que haya visto y que se suicidaran, aunque por desgracia se suicidaron en un momento en el que ya no eran pacientes mías. Una persona no hace mucho, por desgracia. Pero no era paciente mía. Así que ahora vamos a profundizar en tus tres intentos. La otra vez me dijiste: «Lo voy a conseguir, no lo dude».

P: Sí.

T: Al parecer has fracasado de nuevo tres veces.

P: He fracasado porque el coche del que dispongo no me garantiza una muerte limpia. Hay posibilidades de que sobreviva. Lo he intentado a distintas distancias y desgraciadamente el coche no pasa de ciento veinte y la fuerza del impacto sería insuficiente. No puedo permitirme un margen de error de este tipo.

T: Tienes razón, te arriesgas a quedar con vida y paralizada. ¡Qué maravilla!

P: Me arriesgo a quedar viva, sí.

T: Sería increíble, ¿no crees?

P: Dios mío, tampoco me importaría quedarme en coma.

T: Depende de qué coma.

P: Irreversible.

T: Depende de si es lúcido o sin conciencia.

P: Bueno, teniendo en cuenta que es algo que no depende de mi voluntad es mejor que…

T: Mira, puedo recomendarte una lectura realmente conmovedora, se llama *Lo scafandro e la farfalla* y es la historia real de un redactor jefe de *Elle* que sufre un ictus y se queda completamente paralizado. Lo oye todo y lo ve todo, pero no puede comunicarse con el exterior.

P: Muy bien.

T: Es lo peor que te puede pasar.

P: Creo que sí.

T: La enfermera que le atiende un día se da cuenta de que puede guiñar un ojo. Un ojo. Y así, con la ayuda de una redactora que le enseñaba las letras del alfabeto, parpadeando una vez para decir sí y dos veces para decir no, letra a letra, palabra a palabra, este hombre escribió su historia en un libro. Imagina qué intento tan desesperado de comunicarse con los demás.

P: ¡Qué ganas!

T: Sí, porque cuando nos falta lo que tenemos, lo deseamos.

P: Naturalmente.

T: Y bien, suicida aficionada, ¿lo has intentado tres veces? No lo has intentado, has hecho pruebas porque el coche no puede ir a más de ciento veinte.

P: Eh, solo es que no puedo… hago un intento al final… es que no puedo desperdiciarlo así.

T: De acuerdo, o se hace bien o no se hace. Estoy de acuerdo contigo.

P: Tengo que esperar a que me dejen el coche más potente.

T: Bien, y además de esto, ¿qué más has hecho?

P: No, solo esto. He pasado los días dando vueltas.

T: ¿Qué vueltas?

P: Así, en coche. Esperando el momento adecuado.

T: ¿Y no has visto a nadie?

P: Sí, he visto a los amigos, a mi abuela… pero solo como entretenimiento, en espera de…

T: Mmm. ¿Y este tiempo lo pasas bien o lo pasas mal?

P: ¿En qué sentido bien o mal?

T: Ves a las personas para pasar el tiempo, pero los días transcurren igualmente infelices o tal vez tienes momentos…

P: No, infelices.

T: Mmm, así que no hay nada que te haya ayudado a ser más feliz.

P: No. En realidad, ha sido bastante duro llegar hasta aquí hoy. No sabía si volvería o no.

T: ¿Y cómo es que has vuelto?

P: He resistido.

T: Ahhh. ¿Qué esperas de nuestra relación?

P: No tengo ni la más remota idea.

T: Entonces, ¿por qué has vuelto?

P: Porque con esto mis padres intentan hacerme entrar en razón. Ah, por cierto, quieren que les reserve cinco minutos al final para hablar con usted.

T: Por supuesto. ¿Pero tú por qué has vuelto?

P: ¿Yo? Estoy cansada.

T: ¡Ah, ni te imaginas lo cansado que estoy yo! Estás cansada, ¿y?

P: Nada, si hay algo para acabar con todo, encantada.

T: Otra vez. Desgraciadamente no puedo proporcionarte curare, ni láudano, ni pentotal… todos procuran muertes dulces, eh, ¿qué hacemos?

P: Mi madre me aconsejaba la eutanasia. La muerte asistida en algún país.

T: Sí.

P: Que no es exactamente la manera de irme que me gustaría porque sigue siendo una cosa… yo qué sé…

T: Muy poco heroica.

P: Mmm. No tiene sentido que elija morir y luego pida que me ayuden.

T: Muy bien, nada poético, una cosa fría, ¡ah! ¡Terrible!

P: Sí. Al menos con la muerte puedo dar un sentido.

T: ¡Tienes razón!

P: Por eso me resulta útil lo que le ocurrió a mi amigo, porque me dio un motivo para morir. Puedo morir en su nombre y dar un significado a la muerte.

T: Mira, en algunas culturas lo más importante es cultivar la tierra y en otras lo más importante es cultivar la muerte.

En Japón, el sintoísmo afirma que lo más importante es una buena muerte. Pero no creo que la tuya fuera considerada una buena muerte, tal como pretendes tú que sea.

P: Lo importante es que yo la considere una buena muerte, porque cuando esté muerta ya no le importará nada a nadie.

T: Depende de si serás polvo en el polvo, agua en la lluvia o si puede haber alguna otra cosa más allá.

P: Estoy firmemente convencida de que no hay nada, pero si hubiese algo siempre puedo revisar mis ideas después.

T: No necesariamente, porque pagarás por lo que has hecho.

P: Si pagas por lo que has hecho, todo es una enorme burla y el sistema debería desmontarse de arriba abajo, de modo que por este lado no podría hacer nada.

T: Estoy de acuerdo contigo, pero entonces tampoco tiene sentido suicidarse. Porque, como te expliqué el otro día, ya que puedo suicidarme en cualquier momento vale la pena que intente disfrutar de la vida, puesto que no dispondré de otra.

P: Hay que ver si efectivamente se disfruta de esta vida. Yo que no tengo nada…

T: ¿Lo has intentado alguna vez?

P: ¡Sí!

T: No me lo parece. Me parece que eres un fracaso total, sobre todo a la hora de sentir entusiasmo, placer, sensaciones, ganas de construir, ¡tu verdadero desastre está ahí!

P: No, le puedo garantizar que las personas que me rodean opinan de mí de manera completamente diferente.

T: Sí, pero yo estoy hablando de ti, no de ellos.

P: Por mí misma… puedo suscitar entusiasmo, puedo demostrar entusiasmo.

T: Yo quiero hablar de ti, de lo que tú sientes, no de lo que puedes hacer sentir a los demás.

P: ¡Si lo he sentido incluso yo!

T: Sí, ¿cuántas veces?

P: Algunas veces, cuando me da por sentir entusiasmo, ¡siento entusiasmo!

T: Sí, «cuando me da», como si lo eligieras, ¡el entusiasmo no se elige!

P: ¿Tan difícil es pensar que puedo elegirlo?

T: ¡Es imposible! ¡Me estás mintiendo a mí y a ti!

P: Imposible le dijeron a Galileo Galilei cuando le espetaron que la Tierra no era redonda.

T: Y él era un gran adulador de los papas y reescribió completamente su tratado.

P: De hecho, yo también podría hacerlo; podría decir: «Sí, es cierto, tiene razón», pero por dentro no me lo creería.

T: Justamente. Estás montando un debate que corresponde a otro nivel lógico. La ciencia es otra cosa, la vida es otra cosa. Desde mi punto de vista, tu verdadero fracaso es la vida, no la muerte.

P: Cierto, pero porque no quiero la vida. No la quiero, punto.

T: Entonces ¿qué haces en el mundo?

P: ¡Eh!

T: ¡Suicídate!

P: Ya lo sé.

T: Tú en realidad lo intentas, el coche va a ciento veinte y no pasa de ahí. ¡Ya te he explicado que hay muchos métodos seguros!

P: Yo quiero este.

T: Hay muchos métodos seguros, pero hace falta un poco de valor ¡y tú no lo tienes!

P: ¿Por qué tendría que ser masoquista y perpetuar una cosa que me hace daño?

T: Simplemente muy bien… Oh, por fin. Tu problema es que no consigues disfrutar de la vida y por tanto te refugias en la muerte. ¡Es lo más cobarde que existe!

P: A mí no me interesa disfrutar de la vida. ¡Si quisiese podría!

T: ¡Es la zorra y las uvas! ¿Recuerdas la fábula de Esopo? La zorra que ve un racimo de uvas…

P: Ah, sí, las uvas verdes.

T: Salta, salta y no llega; «total, están demasiado verdes» y se marcha. ¡Tú haces lo mismo con la vida!

P: ¡Solo que yo tengo razón!

T: ¡No! Simplemente eres incapaz.

P: Es posible.

T: Y de hecho eres incapaz incluso de suicidarte.

P: Bueno, paciencia, será… seguiré así hasta que un día salga bien, aunque sea por error.

T: Tal vez por error podrías disfrutar un poco de la vida.

P: No, yo espero que por error pueda llegar a morir.

T: Ah, muy bien, mientras tanto corres el riesgo en las dos direcciones.

P: No, o sea…

T: Mientras tanto lo haces porque me has dicho que habías salido, has de pasar el tiempo hasta que consigas morir…

P: No soy yo la que quiero salir, son los otros los que quieren salir conmigo…

T: Oh, tienes razón, qué desdicha, ¡es cierto!

P: Desgraciadamente.

T: Desgraciadamente… eh, ¡una triste condena! Los otros quieren verte. Triste condena.

P: Ya.

T: Mmm. Bien, haz pasar a tus padres.

Cuarta sesión

La paciente entra sola

T: Y bien, ¿cómo han ido las cosas en estas semanas?

P: Difícil, como de costumbre. Es bastante duro seguir adelante. Empiezo a estar un poco desesperada.

T: Mmm. Mira, hay una canción que dice: «Es un mundo difícil, y vida intensa, felicidad en cualquier momento y futuro incierto». Si te va bien, si no ni siquiera la felicidad en cualquier momento. Es un mundo difícil.

P: ¿Acaso su estrategia es hacerme esperar porque estoy tan desesperada que me agarro a cualquier cosa con tal de no pensar?

T: Y bien, ¿cómo has pasado estas semanas?

P: Como siempre, esperando…

T: ¿Qué?

P: Que pase el tiempo.

T: Ah, es una buena actividad esperar que pase el tiempo.

P: Duermo mucho.

T: ¿Lo consigues?

P: Sí.

T: Ah, esto es un don. De modo que tienes la capacidad de distanciarte del mundo durmiendo. ¿Y qué más has hecho?

P: ¿Qué más he hecho? Básicamente esto. Sigo teniendo mis horas bajas, de las 16:30 en adelante, y luego me voy a dormir.

T: ¿Y qué es lo que piensas?

P: Trato de no pensar. Resisto el impulso de enloquecer.

T: ¿Cómo?

P: Últimamente incluso de noche no dejo de pensar que me estoy volviendo loca.

T: ¿Pero tienes miedo a enloquecer o querrías enloquecer?

P: No, justamente sueño con que me he vuelto loca.

T: Ah, ¿lo sueñas?

P: Sí.

T: Mira, cuando en los sueños se meten las cosas más trágicas es un proceso terapéutico. ¿Sabías que los niños ven los monstruos en las películas y los sueñan por la noche para exorcizar el miedo durante el estado de vigilia?

P: Sí, pero no funciona mucho. Yo estoy bastante acabada.

T: Mmm. ¿Cómo sabes que estás acabada?

P: Cuando no tienes ganas de moverte.

T: No necesariamente.

P: Bueno, no tener ningunas ganas de moverte no es fácil de soportar.

T: Es cierto. ¿Has estado siempre en casa o has salido?

P: Salgo, pero esto no cambia demasiado las cosas.

T: ¿Con quién sales?

P: Bueno, hay un chico que se ha enamorado de mí y por tanto...

T: ¡Madre mía, otro desgraciado!

P: Lamentablemente.

T: ¿Le has dicho que cuando alguien te toca es como si pillara la peste, la lepra? ¿Se lo has explicado?

P: Sí.

T: Y supongo que todavía se ha enamorado más, porque estas cosas todavía enamoran más. ¿Me equivoco?

P: Es probable.

T: ¿Y por qué decidiste salir con este chico que se había enamorado de ti?

P: Para pasar el rato.

T: ¿Y cómo lo pasas?

P: Paso el rato.

T: ¿Pero te gusta un poco o lo desprecias?

P: Sí y no. Paso el tiempo como lo pasaba antes con J.

T: Bien, pero si puedes hacer una analogía entre este que has conocido hace poco y J. —ahora me arriesgo a hacer una interpretación, cosa que no es mi estilo— entonces J. no era tan importante si puede ser sustituido por otro con el que pasar el rato.

P: Sí, es una cosa rara, porque no es que lo pase muy bien.

T: ¿Y con J. lo pasabas muy bien?

P: Mejor. Además, ahora salgo con dos o tres…

T: Ah, ¿o sea que ahora no sales solo con el pretendiente enamorado? ¿Con quién más sales?

P: Mi compañero, el que participó en el accidente, y otro chico…

T: Y con todos pasas el tiempo… pero mientras pasa el tiempo ¿ocurre algún pequeño incidente agradable o todo carece totalmente de interés?

P: Tal vez… algo saco porque sé que estar en casa sola es peor; hago lo mínimo para mantener la relación así.

T: Mmm, bien. Pero ¿cómo se puede conciliar esto con «estoy buscando la ocasión para suicidarme»?

P: Paso el tiempo. Hoy recojo el coche y luego veremos. Ha pasado la revisión.

T: Mmm.

P: O bien espero envejecer y morir.

T: Envejecer y morir. ¿Esto en algunos aspectos te parece más miserable o más heroico?

P: No es importante, lo importante es que acabe todo esto, no quiero saber nada más.

T: De acuerdo, pero estás pasando el tiempo. Y sales con el pretendiente enamorado, sales con tu compañero, ¿y el tercero quién es?

P: Otro enamorado.

T: Madre mía… ¡Estás causando estragos en los corazones! Las personas de un determinado tipo siempre resultan extrañamente fascinantes. Ya lo sabes, ¿no?

P: Bueno, antes también, también J., muchos…

T: ¡Todos enamorados de ti! ¿Qué crees que ven en ti?

P: Yo también me lo pregunto.

T: Es una pregunta interesante. ¿Será la fascinación del mal o qué?

P: No lo sé, tal vez cuidar de alguien que está peor que tú te da una sensación de… bah…

T: ¿Puede ser que despiertes el instinto de cuidar?

P: No lo creo.

T: ¿Entonces qué?

P: No tengo ni idea.

T: Esto es muy interesante. Bien, bien, bien. Yo diría que es una buena ocupación dejar pasar el tiempo saliendo con gente y corriendo el riesgo de que ocurra algo agradable… *(Pausa)*. En realidad, te diré que algo de Albert Camus te ha permeado. ¿Recuerdas cuando te hablé de él? Ya que podemos suicidarnos en cualquier momento, se puede correr el riesgo de que ocurra algo agradable en la vida.

P: Yo no estoy corriendo el riesgo de encontrar algo agradable. Como dijimos al principio, soy demasiado cobarde para matarme y, por tanto, dejo que la naturaleza siga su curso, pero no es que quiera algo agradable.

T: Ah, pero por casualidad puede ocurrir…

P: No, es decir, si no quieres que ocurra una cosa, no ocurre.

T: Bueno, perdona, pero tú nunca habrías querido que tu ex se matara, ¿no? Y sin embargo ocurrió. Como ocurre para algo malo, también ocurre para algo bueno.

P: Mejor; si me llevaba a mí también, perfecto.

T: Y sin embargo solo te quiso dejar un chantaje. Solo te dejó una condena, un chantaje.

P: No más que antes.

T: Exacto, ¿también lo hacía en vida?

P: No era yo la que decía… paradójicamente…

T: Vale, vale. Estoy contento porque algo de mi amigo Alberto te ha quedado. Y también algo de mi amigo Ermanno, que son Herman Hesse y Albert Camus. Tanto si lo quieres como si no, al hacer este trabajo y al tratar con gente se entra en contacto y, conscientemente o no, se crean vínculos. He de decir que, entre broma y broma, entiendo por qué tienes tanto éxito con los hombres, con los chicos: tienes encanto.

P: Lo siento por ellos.

T: Se verán obligados a sufrir. Y tú, mientras tanto, pasarás el tiempo. Quién sabe… tal vez ocurra algo agradable.

P: No, espero que no.

T: Ah, eso es bueno. Como dices, paradójicamente siempre hay que esperar que no ocurra nada bueno. *(Pausa)* Los que no soportan el peso de la existencia con todas sus paradojas y ambivalencias son los que tienen unas expectativas demasiado elevadas, sufren una decepción y no logran resistir. Incluso quien, como tú, ha tocado fondo, y ha llegado al abismo más oscuro, tiene recursos, a pesar suyo.

P: Incluso admitiendo que hubiera recursos, no los necesito.

T: No los necesitas para tu proyecto, de hecho, van en contra. Deseos, placeres, realizaciones…

Por suerte, estas cosas existen… *(Pausa)*. Bien, bien, bien, dejemos que mi amigo Albert y mi amigo Hermann se introduzcan aún más en ti. Trabajan en tu interior… como un virus…

A lo largo de las semanas siguientes la joven continuó saliendo con gente y viviendo su vida cada vez con menos tristeza, lo que la llevó a reducir los espacios diarios de sufrimiento. La idea del suicidio se fue transformando en la «opinión filosófica» propuesta y «correr el riesgo» de vivir momentos felices se convirtió en su perspectiva ética. La terapia continuó, aunque cada vez de una manera menos regular hasta que consiguió un equilibrio estable, marcado por una relación sentimental y un trabajo satisfactorio. Nuestras dramáticas sesiones-desafío se transformaron con el tiempo en agradables charlas filosóficas. De vez en cuando me escribe un correo electrónico o una carta tradicional con sus reflexiones existenciales, a la que respondo con gusto.

Epílogo

Wolfgang von Goethe escribe que «las cosas son más simples de lo que uno puede pensar pero más complejas de lo que uno puede comprender», e invita a los seres humanos a no ser tan arrogantes de creer que lo han entendido todo y a cultivar la humildad y al mismo tiempo la capacidad de gestionar la realidad, evitando a la vez las complicaciones intelectuales y los reduccionismos materialistas. Esto es lo que, en cierto modo, he intentado hacer en este libro respecto de un tema complejo como es la sugestión y su uso estratégico.

Analizándolo, examinando sus variantes aplicables y reproducibles, cuyos efectos pueden preverse y, por tanto, transmitirse como competencias, se aclara su funcionamiento. La hipnoterapia sin trance es la aplicación estratégica de la sugestión al campo de la psicoterapia. Desarrollando modelos de aplicación eficaces y eficientes para objetivos específicos podemos comprender mejor las dinámicas de los fenómenos sugestivos y hacer uso de un conocimiento empírico milenario que, por su propia naturaleza, escapa a las rígidas mediciones cuantitativas propias de una ciencia reduccionista. La magia aparente se transforma, así, en una artística tecnología del factor humano por excelencia: nuestra constante comunicación con nosotros mismos, con los demás y con el mundo.

Bibliografía

BANDLER, R. y GRINDER, J. (1981), *La estructura de la magia. Lenguaje y terapia,* Santiago de Chile, Cuatro vientos, 1998.

BARTOLETTI, A. y NARDONE, G., *La paura delle malattie. Psicoterapia Breve Strategica dell'Ipocondria,* Milán, Ponte alle Grazie, 2018.

BELFIORE, G., *Magnetismo e Ipnotismo,* Milán, Hoepli, 1918.

BENEDETTI, F., *La speranza è un farmaco. Come le parole possono vincere la malattia,* Milán, Mondadori, 2018.

BERRIDGE, K. C. y KRINGELBACH, M. L., «Pleasure Systems in the Brain», *Neuron* 86/3 (2015), pp. 646-664.

BINSWANGER, L., *La Psichiatria come scienza dell'uomo,* Florencia, Ponte alle Grazie, 1992.

CAGNONI, F. y MILANESE, R., *Cambiare il passato,* Milán, Ponte alle Grazie, 2009.

CANNISTRÀ, F. y PICCIRILLI, F., *Terapia a seduta singola. Principi e pratiche,* Florencia, Giunti Psychometric, 2018.

CAPRA, F., *El tao de la física. Una exploración de los paralelismos entre la física moderna y el misticismo oriental,* trad. de Alicia Martell Moreno, Málaga, Sirio, 1989, 2017.

CASTELNUOVO, G.; MANZONI, G. M.; VILLA, V.; CESA, G. L. y MOLINARI, E., «Brief Strategic Therapy vs Cognitive

Behavioral Therapy for the Inpatient and Telephone-based Outpatient Treatment of Binge Eating Disorder: the STRATOB Randomized Controller Clinical Trial», *Clinical Practice and Epidemiology in Mental Health* 7 (2011), pp. 29-37.

—; MOLINARI, E.; NARDONE, G. y SALVINI, A., «La investigación empírica en psicoterapia», en G. Nardone y A. Salvini, *Diccionario internacional de psicoterapia,* trad. de Maria Pons Irazazábal, Barcelona, Herder, 2019.

CICERÓN, M. T., *Sobre el orador,* trad. de José Javier Iso, Madrid, Biblioteca Clásica de Gredos, 2002, 2015.

DAVIDSON, R. y BEGLEY, S., *The Emotional Life of Your Brain,* Londres, Hodder and Stoughton, 2012 [trad. cast.: *El perfil emocional de tu cerebro,* trad. de Ferran Meler Orti, Barcelona, Destino, 2012].

DE SHAZER, S., *Patterns of Brief Family Therapy,* Nueva York, Guilford, 1982a.

—, «Some conceptual distinctions are more useful than others», *Family Process* 21 (1982b), pp. 79-93.

—, *Keys to solution in brief therapy,* Nueva York, Norton, 1985 [trad. cast.: *Claves en psicoterapia breve: Una teoría de la solución,* trad. de Margarita Mizraji, Barcelona, Gedisa, 2009].

—, *Clues: Investigative Solutions in Brief Therapy,* Nueva York, Norton, 1988.

—, *Putting Difference to Work,* Nueva York, Norton, 1991.

—, *Words Were Originally Magic,* Nueva York, Norton, 1994.

—; DOLAN, Y.; KORMAN, H.; TREPPER, T.; MCCOLLUM, E. y BERG, I. K., *More than Miracles: the State of the Art of Solution Focused Brief Therapy,* Nueva York, Routledge, 2007.

Dennett, D., *From Bacteria to Bach and Back: The Evolution of Minds,* Nueva York, W. W. Norton & Co., 2017 [trad. cast.: *De las bacterias a Bach,* trad. de Mark Figueras, Barcelona, Pasado y Presente, 2017].

Diels, H. y Kranz, W., *I presocratici,* Milán, Bompiani, 2006 [ed. cast. no íntegra de Alfredo Llanos: *Los presocráticos y sus fragmentos,* Buenos Aires, Juárez Editor, 1968].

Erickson, M., «Hypnotic Psychotherapy», *Medical Clinics of North America* 5 (1948), pp. 571-583.

—, «Naturalistic techniques of hypnosis», *America Journal of Clinical Hypnosis* 1 (1958), pp. 3-8.

Feldenkrais, M., *The Elusive Obvious. The Convergence of Movement, Neuroplasticity, and Health,* Capitola, Meta Publications, 1981.

Fry, W. F., *Sweet Madness. A study of Humor,* Nueva York, Routledge, 1963.

Gazzaniga, M., *The Mind's Past,* Berkeley/Los Ángeles, University of California Press, 1998 [trad. cast.: *El pasado de la mente,* trad. de Pierre Jacomet, Barcelona, Andrés Bello, 1999].

Haley, J., *Ordeal Therapy,* San Francisco, Jossey-Bass, 1984 [trad. cast.: *Terapia de ordalía. Caminos inusuales para modificar la conducta,* trad. de Zoraida J. Valcárcel, Buenos Aires, Amorrortu, 1984].

Heimann, P., «On the counter-transference», *The International Journal of Psycho-Analysis* 31 (1950), p. 81.

Jackson, J. B.; Pietrabissa, G.; Rossi, A.; Manzoni, G. M. y Castelnuovo, G., «Brief Strategic Therapy and Cognitive Behavioral Therapy for Women with Binge Eating Disorder and Comorbid Obesity: A Randomized Clinical Trial One-year Follow-up», *Journal of*

Consulting and Clinical Psychology 86/8 (2018), pp. 688-695.

JAKOBSON, R., *Essais de linguistique générale,* París, Éditions de Minuit, 1963 [trad. cast.: *Ensayos de lingüística general,* trad. de Josep M. Pujol y Jem Cabanes, Barcelona, Ariel, 1984].

JASPERS, K., *Allgemeine Psychopathologie,* Berlín, Springer Verlag, 1913 [trad. cast.: *Psicopatología general,* trad. de Roberto O. Saubidet, Ciudad de México, Fondo de Cultura Económica, 2014].

JENOFONTE, *Recuerdos de Sócrates,* Madrid, Biblioteca Clásica Gredos, 1982, 1993.

JULLIEN, F., *Traité de l'efficacité,* París, Éditions Grasset Fasquelle, 1996 [trad. cast.: *Tratado de la eficacia,* trad. de Anne-Hélène Suárez, Madrid, Siruela, 1999].

KOCH, C., *Consciousness: Confessions of a Romantic Reductionist,* Cambridge, The MIT Press, 2012.

LE BON, G., *Psychologie des foules,* París, Alcan, 1895 [trad. cast.: *Psicología de las masas,* trad. de Emeterio Fuentes, Madrid, Verbum, 2018].

LEDOUX, J., *Synaptic Self: How Our Brains Become Who We Are,* Nueva York, Penguin, 2002.

LINDQUIST, K. A.; WAGER, T. D.; KOBER, H.; BLISS-MOREAU, E. y BARRET, L. F., «The Brain Basis of Emotion: A Meta-Analityc Review», *The Behavioral and Brain Science* 35/3 (2012), pp. 121-123.

LORIEDO, C., *Terapia relazionale. Le tecniche e i terapeuti,* Roma, Astrolabio-Ubaldini, 1979.

—, *Il setting in psicoterapia. Lo scenario dell'incontro terapeutico nei differenti modelli clinici di intervento,* Milán, Franco Angeli Edizioni, 2009.

—; Zeig, J. y Nardone, G., *TranceForming Ericksonian Methods-21st Century Visions,* Phoenix, The Milton H. Erickson Foundation Press, 2011.

Marco Aurelio, *Pensamientos,* Buenos Aires, Losada, 2007.

Martinet, A., *Éléments de linguistique générale,* París, Armand Colin, 1960 [trad. cast.: *Elementos de lingüística general,* trad. de Julio Calonge Ruiz, Madrid, Gredos, 1978].

Maslach, C., *Burnout: The Cost of Caring,* Cambridge, Malor Books, 1982.

Mehrabian, A., *Silent Messages. Implicit Communication of Emotions and attitudes,* Belmont, Wadsworth, 1981.

—, *Nonverbal Communication,* Nueva York, Routledge, 2007.

Milanese, R. y Milanese, S., *Il tocco, il rimedio, la parola. La comunicazione tra medico e paziente come strumento terapeutico,* Milán, Ponte alle Grazie, 2015 [trad. cast.: *El contacto, el remedio, la palabra. La comunicación entre médico y paciente,* trad. de Maria Pons Irazazábal, Barcelona, Herder, 2020].

Moore, M. y Tasso, A., «Clinical Hypnosis: The empirical evidence», en M. Nash y A. Barnier (eds.), *The Oxford Handbook of hypnosis,* Oxford University Press, 2008.

Moscovici, S. y Doise, W., *Dissensi e consensi. Una teoría generale delle decisioni collettive,* Milán, Il Mulino, 1986.

Muriana, M.; Pettenò, L. y Verbitz, T., *I volti della depressione,* Milán, Ponte alle Grazie, 2006 [trad. cast.: *Las caras de la depresión,* trad. de Jordi Bargalló, Barcelona, Herder, 2007].

Nardone, G., *Suggestione - Ristrutturazione = Cambiamento. L'approccio strategico e costruttivista alla terapia breve,* Milán, Giuffrè, 1991.

—, *Paura, Panico, Fobie. La terapia in tempi brevi,* Milán, Ponte alle Grazie, 1993 [trad. cast.: *Miedo, pánico, fobias. La terapia breve,* trad. de Maria Pons Irazazábal, Barcelona, Herder, 2012].

—, «La prescrizione medica: strategie di comunicazione ingiuntiva», *Scienze dell'interazione* 1/1 (1994), pp. 81-90.

—, «Conoscere un problema mediante la sua soluzione: i sistemi percettivo-reattivi patogeni e la psicoterapia strategica», en G. Pagliaro y M. Cesa Bianchi (eds.), *Nuove prospettive in psicoterapia e modelli interattivo-cognitivi,* Milán, Franco Angeli, 1995.

—, *Psicosoluzioni. Risolvere rápidamente complicati problemi umani,* Milán, Bur Rizzoli, 1998 [trad. cast.: *Psicosoluciones. Cómo resolver rápidamente problemas humanos imposibles,* trad. de Juliana González, Barcelona, Herder, 2010].

—, *Cavalcare la propria tigre,* Milán, Ponte alle Grazie, 2003 [trad. cast.: *El arte de la estratagema. Cómo resolver problemas difíciles mediante soluciones simples,* trad. de Maria Pons Irazazábal, Barcelona, Herder, 2013].

—, *Correggimi se sbaglio. Strategie di comunicazione per appianare i conflitti nelle relazioni di coppia,* Milán, Ponte alle Grazie, 2005 [trad. cast.: *Corrígeme si me equivoco. Estrategias de comunicación para mitigar los conflictos en las relaciones de pareja,* trad. de Jordi Bargalló, Barcelona, Herder, 2006].

—, *La dieta paradossale,* Milán, Ponte alle Grazie, 2007a [trad. cast.: *La dieta de la paradoja,* trad. de Joana Maria Furió Sancho, Barcelona, Paidós, 2009].

—, *Cambiare occhi toccare il cuore. Aforismi terapeutici,* Milán, Ponte alle Grazie, 2007b.

—, *Problem Solving Strategico da tasca. L'arte di trovare soluzioni a problemi irrisolvibili,* Milán, Ponte alle Grazie, 2009 [trad. cast.: *Problem solving estratégico. El arte de encontrar soluciones a problemas irresolubles,* trad. de Maria Pons Irazazábal, Barcelona, Herder, 2012].

—, *Aiutare i genitori ad aiutare i figli. Problemi e soluzioni per il ciclo della vita,* Milán, Ponte alle Grazie, 2012 [trad. cast.: *Ayudar a los padres a ayudar a los hijos. Problemas y soluciones para el ciclo de la vida,* trad. de Maria Pons Irazazábal, Barcelona, Herder, 2015].

—, *L'arte di mentire a sé stessi e agli altri,* Milán, Ponte alle Grazie, 2014 [trad. cast.: *El arte de mentirse a sí mismo y de mentir a los demás,* trad. de Antoni Martínez Riu, Barcelona, Herder, 2016].

—, *La nobile arte della persuasione. La magia delle parole e dei gesti,* Milán, Ponte alle Grazie, 2015.

—, *La terapia degli attacchi di panico,* Milán, Ponte alle Grazie, 2016 [trad. cast.: *La terapia de los ataques de pánico. Libres para siempre del miedo patológico,* trad. de Maria Pons Irazazábal, Barcelona, Herder, 2016].

—, *Sette argomenti essenziali per conoscere l'uomo,* Milán, Ponte alle Grazie, 2017 [trad. cast.: *Siete cuestiones esenciales para conocer al ser humano,* trad. de Juan Carlos Gentile Vitale, Barcelona, Plataforma Editorial, 2019].

—, *Emozioni: istruzioni per l'uso,* Milán, Ponte alle Grazie, 2019 [trad. cast.: *Emociones. Instrucciones de uso,* trad. de Antoni Martínez Riu, Barcelona, Herder, 2020].

— y BALBI, E., *Solcare il mare all'insaputa del cielo. Lezioni sul cambiamento terapeutico e le logiche non ordinarie,* Milán, Ponte alle Grazie, 2008 [trad. cast.: *Surcar el mar a espaldas del cielo. Lecciones sobre el cambio tera-*

péutico y las lógicas no ordinarias, trad. de Jordi Bargalló Chaves, Barcelona, Herder, 2018].

— y BARTOLI, S., *Oltre sé stessi. Scienza e arte della performance,* Milán, Ponte alle Grazie, 2019 [trad. cast.: *Más allá de uno mismo. La ciencia y el arte de la* performance, trad. de Maria Pons Irazazábal, Barcelona, Herder, 2019].

— y CAGNONI, F., *Perversioni in rete. Le psicopatologie da internet e il loro trattamento,* Milán, Ponte alle Grazie, 2002 [trad. cast.: *Perversiones en la red. Las patologías de internet y su tratamiento,* trad. de Jordi Bargalló Chaves, Barcelona, RBA, 2003].

— y DE SANTIS, G., *Cogito ergo soffro. Quando pensare troppo fa male,* Milán, Ponte alle Grazie, 2011 [trad. cast.: *Pienso, luego sufro. Cuando pensar hace demasiado daño,* trad. de Pere Salvat Farré, Barcelona, Paidós, 2012].

— y MILANESE, R., *Il cambiamento strategico: come far cambiare alle persone il loro sentire e il loro agire,* Milán, Ponte alle Grazie, 2018 [trad. cast.: *El cambio estratégico. Cómo hacer que las personas cambien su forma de ser y de actuar,* trad. de Maria Pons Irazazábal, Barcelona, Herder, 2019].

— y PORTELLI, C., *Knowing Through Changing. The Evolution of Brief Strategic Therapy,* Carmarthen, Crown House Publishing, 2005 [trad. cast.: *Conocer a través del cambio. La evolución de la terapia breve estratégica,* trad. de Jordi Bargalló Chaves, Barcelona, Herder, 2013].

— y —, *Ossessioni, compulsioni, manie,* Milán, Ponte alle Grazie, 2013 [trad. cast.: *Obsesiones, compulsiones, manías. Entenderlas y superarlas en tiempo breve,* trad. de Maria Pons Irazazábal, Barcelona, Herder, 2015].

— y RAMPIN, M., *Quando il sesso diventa un problema. Terapia strategica dei problemi sessuali,* Milán, Ponte alle Grazie, 2015.

— y SALVINI, A., *Il dialogo strategico. Comunicare persuaden-do. Tecniche evolute per il cambiamento,* Milán, Ponte alle Grazie, 2004 [trad. cast.: *El diálogo estratégico. Comunicar persuadiendo. Técnicas para conseguir el cambio,* trad. de Jordi Bargalló Chaves, Barcelona, Herder, 2011].

— y —, *Dizionario Internazionale di psicoterapia,* Milán, Garzanti, 2019 [trad. cast.: *Diccionario internacional de psicoterapia,* trad. de Maria Pons Irazazábal, Barcelona, Herder, 2019].

— y SELEKMAN, M. D., *Uscire dalla Trappola. Abbuffarsi, vomitare, torturarsi. La terapia in tempi brevi,* Milán, Ponte alle Grazie, 2011 [trad. cast.: *Hartarse, vomitar, torturarse. La terapia en tiempo breve,* trad. de Maria Pons Irazazábal, Barcelona, Herder, 2013].

— y VALTERONI, E., *L'anoressia giovanile,* Milán, Ponte alle Grazie, 2017 [trad. cast.: *La anorexia juvenil. Una terapia eficaz y eficiente para los trastornos alimentarios,* trad. de Maria Pons Irazazábal, Barcelona, Herder, 2018].

— y WATZLAWICK, P., *L'arte del cambiamento. La soluzione dei problemi psicologici personali e interpersonali in tempi brevi,* Milán, Ponte alle Grazie, 1990 [trad. cast.: *El arte del cambio. Trastornos fóbicos y obsesivos,* trad. de Antoni Martínez Riu, Barcelona, Herder, 1995].

— y — (2005), *Brief Strategic Therapy: Philosophy, Technique and Research,* Nueva Jersey, Rowman & Littlefield, Nueva York, Jason Aronson.

—; BALBI, E. y BOGGIANI, E., *Il piacere mancato. I paradossi del sesso nel nuovo millennio e la loro soluzione,* Milán, Ponte alle Grazie, 2020 [trad. cast.: *El placer frustrado,* trad. de Patricia Orts, Barcelona, Herder, 2020].

—; BALBI, E.; VALLARINO, A. y BARTOLETTI, M., *Terapia breve a lungo termine,* Milán, Ponte alle Grazie, 2017 [trad. cast.: *Psicoterapia breve a largo plazo,* trad. de Maria Pons Irazazábal, Barcelona, Herder, 2019].

—; GIANNOTTI, E. y ROCCHI, R., *Modelli di famiglia. Conoscere e risolvere i problemi tra genitori e figli,* Milán, Ponte alle Grazie, 2001 [trad. cast.: *Modelos de familia. Conocer y resolver los problemas entre padres e hijos,* trad. de Jordi Bargalló Chaves, Barcelona, Herder, 2003].

—; VERBITZ, T. y MILANESE, R., *Le prigioni del cibo. Vomiting, Anoressia, Bulimia: la terapia in tempi brevi,* Milán, Ponte alle Grazie, 1999 [trad. cast.: *Las prisiones de la comida,* trad. de Marcelo Tombetta, Barcelona, Herder, 2002].

NASH, M. R. y BARNIER, A. J. (2008), *The Oxford Handbook of Hypnosis: Theory, Research and Practice,* Nueva York, Oxford University Press.

NEUMANN, J. VON y MORGENSTERN, O., *Theory of Games and Economic Behavior,* Princeton, Princeton University Press, 1944.

NIETZSCHE, F., *Die fröhliche Wissenschaft,* Chemnitz, Verlag von Ernst Schmeitzner, 1882 [trad. cast.: *La gaya ciencia,* trad. de Juan Luis Vermal, Madrid, Tecnos, 2016].

PARINI, G, *Le odi,* Parma, Guanda, 2010.

PASCAL, B., *Pensées,* París, Guillaume Desprez, 1670 [trad. cast.: *Pensamientos,* trad. de Gabriel Albiac, Madrid, Tecnos, 2018].

PATTERSON, M. L., «A sequential functional model of nonverbal exchange», *Psychological Review* 19/3 (1982), pp. 231-249.

PERUSSIA, F., *Manuale di ipnosi,* Milán, Unicopli, 2011.

PIETRABISSA, G.; MANZONI, G. M.; CECCARINI, M. y CASTELNUOVO, G., «A brief strategic therapy protocol for binge eating disorder», *Procedia: Social & Behavioral Sciences* 113 (2014), pp. 8-15.

Plutarco, *Vidas paralelas,* trad. de Jorge Bergua Cavero, 7 vols., Madrid, Gredos, 1985-2010.

Ramachandran, V. S., «Mirror neurons and imitation learning as the driving force behind "the great leap forward" in human evolution», *Edge* 69, 29 de mayo de 2000.

Rizzolatti, G. y Craighero, L., «The mirror-neuron system», *Annual Review of Neuroscience* 27 (2004), pp. 169-192.

Rogers, C., *Client-Centred Therapy. Its Current Practice, Implications and Theory,* Boston, Houghton Mifflin, 1951 [trad. cast.: *Psicoterapia centrada en el cliente,* trad. de Silvia Tubert, Buenos Aires, Paidós, 1996].

Salvini, A., «Teorie implicite della personalità e giudizio di normalità: aspetti cognitivi ed interattivi», en G. P. Lombardo y P. Colamico (eds.), *Malattia e psicoterapia,* Roma, Bulzoni, 1989.

— y Bottini, R., *Il nostro inquilino segreto. La coscienza. Psicologia e psicoterapia,* Milán, Ponte alle Grazie, 2011.

Sims, A., *Symptoms in the Mind: An Introduction to Descriptive Psychopathology,* Londres/Edimburgo, Saunders, 2002 [trad. cast.: *Síntomas mentales. Manual de psicopatología descriptiva,* Barcelona, Elsevier, 2019].

Sirigatti, S.; Stefanile, S. y Nardone, G., *Le scoperte e le invenzioni della psicologia. Un viaggio attraverso le ricerche più significative sull'uomo e il suo agire,* Milán, Ponte alle Grazie, 2008 [trad. cast.: *El descubrimiento y los hallazgos de la psicología,* Barcelona, Paidós, 2011].

Stafford, B, *Platform for change*, Nueva York, John Wiley & Sons, 1975.

Talmon, M., *Single Session Therapy,* San Francisco, Jossey-Brass, 1990 [trad. cast: *Terapia de una sola sesión con o sin cita previa,* Barcelona, Eleftheria, 2022].

Tomm, K., «Interventive Interviewing: Part III. Intending to ask Lineal, Circular, strategic, or reflexive Questions?», *Family Process,* vol 27/1 (1988).

Untersteiner, M., *I sofisti,* Milán, Bruno Mondadori, 2008.

Watzlawick, P., *Die Möglichkeit des Andersseins: zur Technick der therapeutischen Kommunikation,* Berna, Hans Huber, 1977 [trad. cast.: *El lenguaje del cambio. Técnica de comunicación terapéutica,* trad. de Marciano Villanueva Salas, Barcelona, Herder, 2002].

— y Nardone, G. (eds.), *Terapia breve strategica,* Milán, Raffaello Cortina Editore, 1997 [trad. cast.: *Terapia breve estratégica,* trad. de Ramón Alfonso Díez Aragón y M.ª del Carmen Blanco Moreno, Barcelona, Paidós, 2000].

— y Weakland, J. H., *The Interactional View: Studies at the Mental Research Institute,* Palo Alto, 1965-1974, Nueva York, Norton, 1977.

—; Beavin, J. H. y Jackson, D. D., *Pragmatics of human Communication: A Study on Interactional Patterns, Pathologies and Paradoxes,* Nueva York, Norton, 1967 [trad. cast.: *Teoría de la comunicación humana. Interacciones, patologías y paradojas,* trad. de Noemí Rosenblatt, Barcelona, Herder, 1995].

—; Weakland, J. H. y Fish, R., *Change: Principles of Problem Formation and Problem Solution,* Nueva York, Norton, 1974 [trad. cast.: *Cambio. Formación y solución de los problemas humanos,* trad. de Alfredo Guera Miralles, Barcelona, Herder, 2003].

Weitzenhoffer, A. M. y Hilgard, E. R., *Stanford Hypnotic Susceptibility Scale, Form C,* vol. 27, Palo Alto, Consulting Psychologists Press, 1959.

WHITEHEAD, A. N., *Essays in Science and Philosophy,* Newburyport, Philosophical Library, 1947.

WILDE, O., *Cuentos completos,* trad. de Mauro Armiño, Madrid, Valdemar, 2015.

—, *Aforismos,* Sevilla, Renacimiento, 2019.

WILSON, R., *Don't Panic: Taking Control of Anxiety Attacks,* Nueva York, Perennial, 2009.

WITTEZAELE, J. J., «El paradigma interaccional-estratégico», en G. Nardone y A. Salvini, *Diccionario internacional de psicoterapia,* trad. de Maria Pons Irazazábal, Barcelona, Herder, 2019.

— y NARDONE, G., *Une logique des troubles mentaux,* París, Seuil, 2016.

YALOM, I., *Existential Psychotherapy,* Nueva York, Basic Books, 1980 [trad. cast. *Psicoterapia existencial,* Barcelona, Herder, 2011].

YAPKO, M. D., *Trancework. An Introduction to the Practice of Clinical Hypnosys,* Nueva York, Routledge, Taylor & Francis Group, 1990.

Sitografía

G. Nardone, «Come superare le vertigini e la paura dell'altezza» (www.giorgionardone.com/video). Publicado el 13 de octubre de 2016.

G. Nardone, «Therapy as performer». Lectio Magistralis EBTA conference, 2019 (European Brief Therapy Association solution-focused (www.giorgionardone.com/video).